MIKE DOOLEY

10 Dinge, über die Sie nachdenken sollten, bevor Sie sterben

Aus dem Englischen
von Diane von Weltzien

KNAUR *
MENSSANA

Die amerikanische Originalausgabe erschien 2014 unter dem Titel
»The top ten things dead people want to tell you« bei Hay House, Inc.

Besuchen Sie uns im Internet:
www.mens-sana.de

Deutsche Erstausgabe September 2015
© 2014 Mike Dooley
© 2015 der deutschsprachigen Ausgabe Knaur Verlag
Ein Imprint der Verlagsgruppe Droemer Knaur GmbH & Co. KG,
München
Redaktion: Jutta Ressel
Vögel: Shutterstock / Tomacco
Covergestaltung: ZERO Werbeagentur, München
Coverabbildung: FinePic®, München
Satz: Adobe InDesign im Verlag
Druck und Bindung: CPI books GmbH, Leck
ISBN 978-3-426-65777-5

2   4   5   3   1

Den Lebenden – ihr seid noch immer an der Reihe

Inhalt

Einführung   9

1. Wir sind nicht tot 21
2. Teufel und Hölle gibt es nicht 49
3. Wir waren bereit 73
4. Du bist nicht bereit 97
5. Wir bedauern jeden von uns
   verursachten Kummer 121
6. Deine Träume werden wirklich wahr 143
7. Der Himmel wird dich umhauen! 169
8. Das Leben ist mehr als gerecht 199
9. Dein alter Streichelzoo ist
   noch genauso verrückt 227
10. Liebe ist die Art – Wahrheit ist der Weg 245

Nachwort 265
Danksagung 268

Einführung

Keiner weiß, wie alles angefangen hat, noch nicht einmal die Toten. Aber jeder weiß, dass es angefangen hat.

Zum Glück muss jedoch niemand wissen, wo der Anfang liegt, um dennoch bewusst zu leben und mehr Freude und Spaß ins eigene Leben zu holen. Dumm nur, dass dies heutzutage für die Lebenden nicht halb so offensichtlich ist wie für die bereits Verstorbenen. Mittlerweile gibt es im Kosmos viel mehr fortschrittliche Zivilisationen – darunter auch unsere zukünftige Welt –, in denen die Lebenden ebenso viel wissen wie die Toten, und zwar in jeder Hinsicht. Doch bei uns stehen die Verstorbenen gegenwärtig noch mit einer wesentlich besseren Perspektive da. Die Gründe hierfür werden sich dir auf den nachfolgenden Seiten erschließen. Die Verstorbenen sehen mehr. Sie erinnern sich, ihr Leben gewählt zu haben. Sie entsinnen sich der Liebe – unentrinnbar, zärtlich, überragend. Und deshalb haben sie den Lebenden, die gegenwärtig von alledem keine Ahnung haben, etwas zu erzählen.

Wir leben immer noch in einer Art Urzustand; das macht die zehn Dinge, über die du nachdenken solltest, bevor du stirbst, umso dringlicher.

Woher ich das weiß?

Ich weiß es eben. Auf die gleiche Weise, wie du weißt, dass du geliebt wirst, ohne dass man es dir gesagt hat.

Woher wir wissen, was wir wissen, ist nicht ganz so wichtig, wie dass wir es wissen. Solange es die Wahrheit ist. Wie du ja auch nicht unbedingt wissen musst, wer in einem dunklen Raum das Licht eingeschaltet hat, um dieses Licht für dich zu nutzen.

Das gilt natürlich auch für die Wahrheit im Hinblick auf Leben und Tod. Es spielt keine Rolle, wie viele Meinungen es zu diesem Thema gibt; die Wahrheit ist, was sie ist. Und es spielt auch keine Rolle, wie du diese Wahrheit findest, sondern nur, dass du sie findest. Und je rascher dir dies gelingt, umso größer ist dein innerer Frieden. Erkennen kannst du die Wahrheit daran, dass sie Hand und Fuß hat – in logischer, intellektueller und emotionaler Hinsicht. Und das kommt, wie die letzten Jahrtausende belegen, nicht allzu häufig vor. Wenn du die Wahrheit findest, fühlst du dich befreit, gestärkt, klar, von Freude und Liebe erfüllt, von deiner Verwirrung erlöst. Und mit einem Mal siehst du überall Beweise für diese Wahrheit, sogar direkt vor deiner Nase, ja, du erkennst deine Nase selbst als Beweis. Außerdem wirst du wahrscheinlich vor Glück tanzen.

In der Wahrheit der Liebe tanzen

Dieses Buch handelt vom Tanzen in der Wahrheit der Liebe, die du insgeheim schon dein ganzes Leben lang spürst.

Keine Angst, ich verlange von dir keinen blinden Vertrauensvorschuss, ohne den du mit meinen Erklärungen nicht Schritt halten könntest. Stattdessen will ich dir hier und in den folgenden Kapiteln alles mitteilen, was ich herausgefunden habe, gewürzt mit ein wenig Logik und Vernunft. Als Vorspeise:

*+ Wenn du wie alle angesehenen Quantenphysiker daran
glaubst, dass Zeit und Raum eine Illusion sind, und
+ wenn du, wie 92 Prozent aller Menschen (gemäß einer
PEW-Umfrage aus dem Jahr 2007) es tun, davon ausgehst,
dass wir unseren physischen Tod überleben,
= würdest du dann nicht auch annehmen, dass die Toten
außerordentlich großen Wert darauf legen, die Menschen,
die sie lieben, und die Menschheit insgesamt zu erreichen,
um sie zu trösten und zu inspirieren?*

Du hast diese Frage mit Ja beantwortet, richtig? Da die
Verstorbenen gerade ihre Sterblichkeit von der Wiege bis
zur Bahre durchlaufen und zu der frappierenden Erkenntnis ihrer Fortexistenz gefunden haben – inklusive ihrer
Persönlichkeit und ihres Sinns für Humor –, wollen sie uns
diese Erkenntnis natürlich unbedingt mitteilen. Und
nachdem sie herausgefunden haben, dass sie trotz ihrer
Sünden und peinlichen Fehltritte in Liebe schwimmen
und viel besser begreifen, worum es im Leben eigentlich
geht, wollen sie uns fraglos auch davon erzählen.

Stell dir vor, du selbst wärest der geliebte Verstorbene,
könntest einen Blick zurück auf die Erde werfen und den
Kummer und die Verwirrung unter den Hinterbliebenen
sehen. Nichts wäre dir plötzlich so wichtig, wie die Trauernden zu erreichen, um ihnen zu sagen, dass alles in Ordnung ist. Dass alles sogar in bester Ordnung ist! Dass du
nicht tot bist! Dass ihr euch später wiederseht! Dass jetzt
erst einmal noch sie an der Reihe sind! Dass sie weiterträu-
men sollen! Weiterleben sollen! Weiterlieben sollen!

Und würde der Empfang einer so fantastischen Botschaft
für die Lebenden nicht alles für immer verändern? Und
wer könnte Trauernde wohl besser trösten und inspirieren
als die Menschen, die wir lieben und vermissen?

Was ist Gott nicht?

Der Drang der Toten, uns zu erreichen, nimmt zu, wenn sie herausfinden, dass es im Leben nach dem Tod keineswegs einen Gott gibt, wie ihn uns die meisten Religionen weismachen wollen. Und das ist eine wirklich gute Neuigkeit, wenn man sich vor Augen führt, wie die meisten Religionen sich Gott vorstellen. Selbstverständlich gibt es einen Gott, nur eben nicht so, wie die Blinden, die die Blinden führen, meinen. Manchmal fehlen uns die Worte, wenn wir die Wahrheit zum Ausdruck bringen wollen. Hier ein Versuch, sich dieser Wahrheit anzunähern: Gott ist die Summe all dessen, was ist – jede Stimme, jeder Herzschlag, jeder Mann, jede Frau, jedes Kind, jedes Säugetier, jedes Insekt, jeder Felsbrocken, jeder Planet und jedes Stäubchen und auch jedes empfindungsfähige Lebewesen außerhalb von Zeit und Raum. Vereinfacht könnte man also auch fragen: »Was ist Gott nicht?« – »Nichts«, lautet die Antwort.

Du kannst mir doch folgen, nicht wahr? Es verhält sich genau so, wie du schon immer vermutet hast. Wir erkennen die Wahrheit, wenn wir ihr begegnen, weil wir sie im Blut haben und in unserem Erbgut. Und deshalb sind wir, wenn wir über bedeutende Fragen nachdenken oder von neuen Theorien hören, in der Lage, uns zu erinnern – vorausgesetzt natürlich, wir sind bereit und gestatten es uns. Die Wahrheit *ist*, wer und was wir sind, und somit weder abstrakt noch flüchtig; wir sind sie, die zum Leben erwachte Wahrheit. Das ist Fakt. Real. Einfach. Auch wenn unendlich viele Straßen nach Rom führen, kann keine von ihnen Rom ändern. Wir erkennen die Wahrheit, wenn wir ihr begegnen. Da wir uns jedoch in einer so frühen Phase der spirituellen Entwicklung unserer Zivilisation ins Leben geworfen haben, verweigern wir uns in der Regel den Zugang zu Orten, die wir nicht berühren, schmecken, sehen, hören oder fühlen können – die Höhlenbewohner lassen grüßen. Doch in Anbetracht der Stufe, die wir in unserer Entwicklung bisher erreicht haben, ist auch nichts anderes zu erwarten.

Wir befinden uns wirklich in primitiven Zeiten. Und geht man davon aus, dass die Zeiten durch die Kreaturen definiert werden, die in ihnen leben, sind wir primitive Menschen. Nicht zufällig, sondern gewollt. Wir wussten, dass es so sein würde. Schließlich haben wir uns entschieden, zu diesem frühen Zeitpunkt in der Menschheitsentwicklung die Bühne zu betreten – vielleicht als Preis dafür, dass wir uns später als Meister hervortun wollen, oder weil die heutigen Möglichkeiten in dieser Form später nicht mehr gegeben sein werden. Aber das spielt jetzt keine Rolle mehr; wir sind da. Wir sind durch die Welt um uns her in Angst und Schrecken versetzt, verletzlich, fast ausschließlich angewiesen auf unsere physischen Sinne, um unsere Umgebung zu benennen, zu definieren und Fortschritte zu erzielen.

Kaputt und wieder heil

Naiv zur Welt zu kommen heißt nicht, für immer und ewig in diesem Zustand verharren zu müssen. Unsere Unwissenheit hat ihren Zweck erfüllt; die Illusionen haben unsere Aufmerksamkeit erregt. Das Spiel ist in Gang. Das Trainingsgerät, das uns auf den Weg gebracht hat, hat ausgedient und bremst uns jetzt. Tränen werden sinnlos vergossen, Herzen ohne Not gebrochen. Es ist an der Zeit, die Umlaufbahn zu wechseln, die Verstorbenen ins Spiel zu bringen. Sie sind eine Art ältere Brüder und Schwestern, uns jedoch viel vertrauter als bloße Blutsverwandte. Denn schließlich werden wir in absehbarer Zeit die Rollen tauschen.

Sie haben, was du heute brauchst: Perspektive. Und du hast, was sie brauchen: die Welt, in die sie bald zurückkehren wollen. Außerdem gehören wir zu einer Familie: Sie lieben dich, und du liebst sie. Und was sie dir zu sagen haben, ist absolut spannend, transformierend, ermutigend und beglückend: die Wahrheit, wer *du* bist, wie *du* hierhergekommen bist und was *du* mit deiner Zeit im Raum alles anfangen kannst.

Natürlich haben die Verstorbenen keine Stimme, die du hören kannst, noch nicht. Und über einen Laptop samt Tastatur und Internetzugang verfügen sie auch nicht. Mit deinem Einverständnis will ich deshalb den Vermittler spielen. Ich bin ebenso gewöhnlich und ungewöhnlich wie du, nur dass ich mich vielleicht ein bisschen besser erinnern kann. Und ich bin der Überzeugung, dass ich dieses Leben gewählt habe, um genau das zu tun: mich besser zu erinnern als die meisten anderen. Ausgerüstet bin ich dazu mit einer entsprechenden Geisteshaltung, mit Eltern und äußeren Umständen, zu denen auch ein paar fantastische Gedächtnisverstärker und die Neigung gehören, bereits vierzig von meinen dreiundfünfzig Jahren mit dem Hinterfragen, dem Suchen und schließlich dem Finden der Wahrheit zu verbringen. In diesem Zeitraum ging es mir hauptsächlich darum, meine Entdeckungen auch zu leben: diese zeitlosen Antworten auf mein Leben anzuwenden und sie bewusst zu nutzen, um mein persönliches Glück wie auch meinen Wohlstand zu formen. Für mich selbst unerwartet, war ich in den zurückliegenden vierzehn Jahren hauptberuflich als Lehrer für das Wesen der Wirklichkeit tätig; ich lebte ein Leben, das gleichermaßen als Beispiel für meine Unterweisungen diente wie auch Quelle meiner Freude war. Zufall? Ich glaube nicht.

Meine Suche begann ich schon früh, genau gesagt im Teenageralter. Als Studienanfänger an der Universität von Florida veranlasste mich meine Wahrheitssuche schließlich, über den Tod nachzudenken. Warum sterben wir? Jeder? Für immer? Wirklich?! Ehe ich michs versah, begann meine Mutter, mir Bücher zu schicken, die mir in Verbindung mit meinem Bauchgefühl und meinen Ahnungen Antworten lieferten und meine Welt durcheinanderbrachten.

Es stellte sich heraus, dass man viel über das Leben lernen kann, wenn man sich mit dem Tod beschäftigt. Der Öffnungsprozess, bei dem man auf der Suche nach Antworten Steine umdreht und an verschlossene Türen klopft, macht einen für Durchbrüche empfänglich. Nichts schenkt einem Menschen mehr Freiheit als die Wahrheit, nichts bremst ihn mehr, als sie nicht zu kennen. Wissen ist Macht; es lindert Schmerzen, füllt Leere, löst Verwirrung auf, verringert Ballast, vereint Freunde, verwandelt Staub in Gold und lässt die Sonne aufgehen. Ein Mensch, der sich dem Wissen öffnet, verwandelt sich in ein nicht zu bremsendes »supercoolglückliches Liebesding«. Stimmt, das Wort habe ich mir ausgedacht. Freut mich, dass es dir gefällt.

Doch als Lehrer der Wirklichkeit erfinde ich nichts dazu. Ich schaffe Zugang zum Offensichtlichen. Ich versuche, die Freude daran zu wecken. Das macht mir Spaß. Zum Beispiel habe ich in den letzten zwölf Jahren unter dem Titel *Grüße aus dem Universum* kostenlos E-Mails versandt – kleine Tropfen der Wahrheit, manchmal humorvoll verpackt, die inzwischen von mehr als 600 000 Abonnenten täglich empfangen werden. Außerdem schreibe ich

Bücher, produziere Radiosendungen, nehme DVDs auf und bin Gastgeber zahlloser Gesprächsrunden überall auf der Welt.

Ich habe natürlich keineswegs alle Geheimnisse des Universums entschlüsselt. Noch immer bin ich mir meiner selbst weniger bewusst als etwa mein Hund oder auch der Zypressenhain vor meinem Haus. Aber ich kenne die Antworten auf wichtige Fragen. Ich weiß, wer wir sind, warum wir sind, wie wir hierhergekommen sind und was wir tun müssen, um im Leben bedeutsame Veränderungen in Gang zu setzen. Antworten, die *jeder* finden kann und die viele bereits gefunden haben.

Meinst du schließlich nicht auch, dass das Leben und unser Platz im Universum mit dem Verstand erfassbar sind? Wirklich erfassbar, das Vorher und Nachher mit eingeschlossen? Mein Leben, meine Lebenserfahrung und meine Experimente haben mir dies bestätigt. Und genau davon handeln die »zehn Dinge« in diesem Buch: die Wahrheit zu kennen und deshalb die Angst zu verlieren und bewusst kreativ zu sein. Das ist es, was die Toten und mit ihnen alle, die leben und bewusst sind und denen an dir gelegen ist, unbedingt in deinen Kopf hineinbekommen möchten. Die Rahmenbedingungen des Wohlergehens hier auf Erden.

Wenn die Toten nicht gerade mit der Aufbereitung ihrer Erfahrungen oder der Beschäftigung mit den nächsten Schritten befasst sind, halten sie sich am liebsten auf der Tribüne auf, um uns von dort aus anzufeuern. Auf dem Sofa Trost zu spenden und Tränen zu trocknen, ist nicht ihr Ding. Jetzt gerade beobachten sie dich, ja die ganze Menschheit, greifen sich an ihre himmlische Stirn, schlagen sich aufgeregt auf die Schenkel, brüllen Ratschläge, rufen Ermutigungen, flüstern uns Zärtlichkeiten ins Ohr, während wir sinnlos im Dunkeln tappen.

Auf der Lichtung

Ich habe die Wahrheit gefunden und kann dir helfen, sie ebenfalls zu finden. Ich meine, sie ist absolut, einfach und erfassbar. Ganz egal, ob du mit einigem oder mit allem, was ich in diesem Buch mitteile, einverstanden bist, jedenfalls bietet dir dieser Titel Einsichten und Perspektiven, die jedem helfen, *jetzt* ein glücklicheres Leben zu führen. Mit seiner rationalen Herangehensweise hilft dieses Buch, die Bedeutung des Lebens zu verstehen und es entsprechend zu führen. Zu einem interessanteren und selbstbestimmteren Zugang zum eigenen Wohlergehen findet man, indem man das eindeutig Offensichtliche (Leben, Wunder, Glück) als bare Münze erkennt und akzeptiert und dabei auf die üblichen Überinterpretationen, Rechtfertigungen und Analysen verzichtet.

Und das ist kein Hokuspokus! Ich kenne mich mit Soll und Haben weit besser aus als mit Dharma und Kristallen. Deshalb werde ich bestimmt nicht von dir verlangen, alles und jeden nur auf der Basis deines Gefühls zu bewerten. Stattdessen will ich dich als dein Abenteurerkollege ein wenig an der Schulter rütteln und wecken, falls du gerade im Begriff bist, etwas wirklich ganz und gar Unglaubliches zu verpassen – als würdest du das Frühstück verschlafen. Etwas wirklich Wunderbares, in dessen Mittelpunkt du dich befindest: die Existenz einer allgegenwärtigen, allerdings manchmal nicht wahrnehmbaren liebevollen Intelligenz, die die unermessliche Weite der Wirklichkeit vom Mittelpunkt der Erde bis hin zu den entlegensten Teilen des Raumes durchdringt. In Anbetracht der gewaltigen Ausmaße und der scheinbar unmöglichen Herrlichkeit all dessen, was wir zu erkennen vermögen, kann man mit Sicherheit davon ausgehen, dass alles einen Sinn hat, dass die Schöpfung fehlerlos ist, dass Liebe alles zum Besseren wendet und dass wir alles, was wir noch nicht begreifen, eines Tages verstehen werden.

Dass wir selbst von dieser gütigen Intelligenz durchdrungen sind und dass wir sie, wie es unser bisheriges Leben überzeugend nahelegt, unserem Willen entsprechend lenken können.

Bei meiner Suche nach Antworten habe ich schon früh herausgefunden, dass ich unweigerlicher eine Antwort erhalte, je länger ich mich mit einer Frage beschäftige, ob nun durch ein Buch, das mir »zufällig« in die Hand fällt, oder durch eine Art geheimnisvolle Osmose. Diesen Mechanismus kennst du sicherlich auch. Dass du gerade jetzt in diesem Buch liest, ist ein gutes Beispiel dafür. Doch möchte ich dich davor warnen, einzelne Passagen, Sätze oder Kapitel aus dem Zusammenhang des gesamten Buches zu reißen, denn dies könnte Missverständnisse und Verunsicherung zur Folge haben. Ich rate dir also dringend, das Buch entweder von vorne bis hinten zu lesen oder es beiseitezulegen – bis ein Freund darüberstolpert, es von vorne bis hinten durchliest und dir dann seine Ergebnisse mitteilt.

Um den Toten Gerechtigkeit widerfahren zu lassen, darf nicht verschwiegen werden, dass die nachfolgenden Kapitel keineswegs für sie alle gleichermaßen sprechen. Manche der geliebten Verstorbenen sind ohne Zweifel mehr damit beschäftigt, eine sinnlose Rache zu planen, einem nichtexistenten Luzifer aus dem Weg zu gehen oder beim ansehnlichen Ebenbild ihres Lieblingspropheten Fürsprache einzulegen, als sich um das Wesen der Wirklichkeit zu kümmern, von dem sie vielleicht nur sehr wenig wissen. Doch letztendlich werden auch sie an Bord kommen, das steht fest. Jedenfalls bewirkt der Tod nicht zwangsläufig Erleuchtung. Der Tod ist eine Phase der Neuordnung für die vormals Lebenden, damit sie wieder zusammenfinden, Anteil nehmen, lachen, weinen, sich sondieren, Strategien entwerfen und sich auf all das vorbereiten können, was vor ihnen liegt.

Die nachfolgenden Kapitel handeln also von den »Toten«, die kraft ihrer Erfahrungen »in Kenntnis« sind, von den »alten Seelen«, die all jene erreichen wollen, die auch erreicht werden möchten – Menschen, die die Wahrheiten des Lebens erfahren wollen, um ihr Leben noch glücklicher fortzusetzen.

Dein Abenteurerkollege
Mike

Kapitel 1

Wir sind nicht tot

Es ist schon merkwürdig, dass Menschen immer wieder hören wollen, was sie bereits wissen – als würde die fortwährende Wiederholung der Wahrheit diese irgendwie fassbarer machen. Und deshalb ist es das wichtigste Anliegen der Toten, dir zu verdeutlichen, dass wir nicht sterben. Niemals. Keiner. Auch du nicht. Du wirst ewig leben, dich durch unvorstellbare Wirklichkeiten und Dimensionen flirten, von der Liebe getragen, von deinen Untaten unbelastet, mit unendlich vielen Möglichkeiten ausgestattet, von Freunden und Lachen, Einhörnern und Regenbogen umgeben, gefeiert als die Göttin oder der Gott, die oder der du bist.

Ja, selbst wenn ich damit meine Glaubwürdigkeit aufs Spiel setze, aber du hast es verdient, die ganze Wahrheit zu erfahren: Wenn du dir Einhörner wünschst, dann bekommst du Einhörner.

Formen verändern sich, Gestalten verwandeln sich, Energien werden ausgetauscht, und doch verfügt auch noch die simpelste Grußkarte über die nötige Klarheit und Tiefe, um dich an das zu erinnern, was du eigentlich bereits weißt: Deine geliebten Verstorbenen befinden sich an einem »besseren Ort«. Natürlich steht es dir frei, dich mit der Frage herumzuquälen, ob das auch wirklich stimmt. Aber spricht nicht jede Religion vom ewigen Leben? Hat die Wissenschaft nicht bewiesen, dass Materie nicht fest, sondern organisierte Energie ist? Und »organisiert« bedeutet in diesem Fall im höchsten Maße funktionsbereit, hoch aufgeladen, berstend vor Implikationen. Deuten denn nicht deine nächtlichen Träume hin auf die offensichtliche Trennung zwischen deinem Bewusstsein und deinem physischen Körper? Gibt es denn nicht genügend gut dokumentierte paranormale Vorkommnisse, die selbst den größten Skeptiker überzeugen sollten?

Doch auch wenn man an ein Leben nach dem Tod und an eine liebevolle Superintelligenz glaubt, ist kaum etwas so niederschmetternd wie der Tod eines geliebten Menschen, von dem man sich in physischer Hinsicht für immer verabschieden muss. Auch wenn es dir vielleicht noch am Vortag, als diese Person zur Arbeit oder zur Schule aufbrach, gelungen ist, dich mit Wertschätzung und einem liebevollen Lächeln zu verabschieden, siehst du dich, wenn der Tod an die Tür klopft, einem vernichtenden Trümmerfeld gegenüber.

Jetzt kann dir nur noch die Wahrheit helfen. Eine kristallklare, absolute Ja-oder-nein-Wahrheit. Und es gibt sie wirklich. Zwar vermögen die Toten sie dir nicht zu suggerieren, aber sie können diese Wahrheit einem Menschen mit offenem Geist zusammen mit den richtigen Werkzeugen und Hilfsmitteln anbieten, der sie dir dann zugänglich macht. Mit nur wenigen Schlussfolgerungen, durch das Verbinden wissenschaftlich gesicherter Punkte, durch Vereinfachungen, Ableitungen und Rückschlüsse wirst du schon bald auf dem Thron sitzen, der dir zusteht, in ewigem Frieden leben und hinfort verschont sein von dem Monster namens Tod. Du weißt dann, dass jeder Abschied ein neues Willkommen bedeutet, das umso großartiger ausfällt, je bedeutender besagter Abschied war.

Was wirklich passiert

Wir wollen zuerst einmal den Blick auf das Offensichtliche richten: Unbelebte Dinge wie Steine werden niemals eine Persönlichkeit entwickeln, eine Lieblingsfarbe haben oder gute Freunde. Warum? Weil Materie bekanntlich kein Bewusstsein schaffen kann. Dies ist bisher im Labor nicht gelungen, und in der gesamten Erdgeschichte hat auch die Natur nichts Vergleichbares hervorgebracht. Selbstverständlich, Bewusstsein ist da, doch die Vorstellung, dass es seinen Ursprung in der Materie hat oder ihretwegen existiert, ist haltlos.

Wenn also etwas unabhängig von der Materie existiert, dann ist es auch unabhängig von Zeit und Raum, denn Materie definiert sich durch Raum und Zeit. Daraus ist zu schlussfolgern, dass Bewusstsein wesensmäßig zuallererst zeit- und formlos ist, was auch immer noch sonst. Richtig? Lässt sich das nachvollziehen? Und damit erhalten wir, ohne uns sonderlich anstrengen zu müssen, ein relativ eindeutiges Bild: Du, das Formlose und Ewige, besitzt vorübergehend einen physischen Körper, den du dir in chemischer und organischer Hinsicht von der Substanz der Erde geliehen hast; er dient dir als Behälter deiner formlosen Energie und Persönlichkeit, damit du mit dem Raum klarkommst, durch die Zeit reisen kannst und erlebst, was wir landläufig als das Leben bezeichnen. Voilà!

»Also bitte«, wirfst du jetzt vielleicht ein, »das ging ja wohl viel zu schnell. Und außerdem: Wie lautet überhaupt die Erklärung?«

Moment mal. Wir tragen hier Beweismaterial für alle zehn Kapitel zusammen, also auch für die Frage nach dem Warum.

Um ein wenig den Advocatus Diaboli zu spielen: Wenn es so wäre, wie viele Leute heute behaupten, dass tot tot ist – Licht aus, Ende, für immer und ewig –, würde das nicht auch bedeuten, dass alles andere unter der Sonne und sogar die Sonne selbst ziemlich sinnlos sind? Ja, sogar dumm? Und wenn das Leben selbst sinnlos ist, wäre dann nicht auch die Basis des Lebens selbst ohne jegliche Intelligenz (denn das ist es ja, was »dumm« bedeutet: ohne Intelligenz)? Und wenn es gar keine Intelligenz gibt, würde das dann nicht zudem heißen, dass das Leben, so wie du es kennst, reiner Zufall ist? Und dass deine Existenz heute unbeabsichtigt, willkürlich und, falls es dir gerade gutgeht, ein riesiger Zufallstreffer ist?

Genau das würde es bedeuten.

Wenn hingegen tot nicht tot ist und du in Wahrheit, auf irgendeine Weise transformiert, weitermachst, wäre das nicht der absolute Beweis dafür, dass Zeit und Raum eben doch nicht die allem zugrundeliegende fundamentale Wirklichkeit sind? Dass Bewusstsein mit seinem Ursprung anderenorts frei ist, außerhalb von Zeit und Raum zu existieren? Und dass es einen Grund dafür geben muss, dass Bewusstsein auch innerhalb der Illusionen eine Rolle spielt? Und dass jegliche Existenzberechtigung Ordnung voraussetzt? Und dass alle Ordnung auf jeden Fall Sinn verlangt? Und dass letztlich all dies immer wieder aus den unterschiedlichsten Perspektiven darauf hinweist, dass es eine von Zeit, Raum und Materie unabhängige Intelligenz geben muss?

Ja, genau das würde es beweisen.

Und wenn du nicht lockerlässt, das Offensichtliche siehst, ohne dich von allzu vielen Rückschlüssen ablenken zu lassen, und dich bis zur Wahrheit vorbohrst, dann wirst du außerdem erkennen, wie du noch viel mehr erfahren kannst. Und du wirst feststellen, dass nichts auf der Welt für dich so wichtig ist wie die Erkenntnis, was *wirklich* passiert. Die nachfolgenden Seiten wollen dir dazu verhelfen.

Ockhams Rasiermesser

Wilhelm von Ockham war ein Franziskanermönch, Gelehrter und Theologe aus Ockham, einem Städtchen in Südengland, der im 14. Jahrhundert lebte. Er gilt als Erfinder eines Verfahrens, mit dem man der Wahrheit auf die Spur kommen kann, egal um welches Thema es sich handelt. Dieses Verfahren ist unter dem Begriff »Ockhams Rasiermesser« oder als »Sparsamkeitsprinzip« bekannt. Das Rasiermesser wird dabei als Werkzeug betrachtet, mit dem man alles Unerwünschte – in unserem Fall Spekulationen, Lügen und Unsinn – entfernen kann. Anders ausgedrückt besagt Ockhams Prinzip:

Von zwei oder mehr im Wettstreit befindlichen Theorien trifft die einfachste mit größter Wahrscheinlichkeit zu.

Im Grunde sagte der gute Willi Ockham also ganz einfach: Wenn du der Wahrheit auf die Spur kommen möchtest, dann mach es nicht zu kompliziert. Verzichte darauf, zu viele Punkte miteinander verbinden zu wollen. Lass dir nichts aufschwatzen, und lass dich nicht auf Umwege führen, die für deinen inneren Frieden nicht erforderlich sind oder dir die Klarheit trüben, die du durch dein Repertoire an miteinander verbundenen Punkten bereits erreicht hast.

Ohne Zweifel gibt es in Zeit und Raum eine unendlich große Anzahl von Wahrheiten – manche wohlbekannt, die meisten unbekannt, jedoch allesamt hinterfragbar. Unter all diesen Wahrheiten bietet sich eine an, die man als Ausgangspunkt nutzen und mit anderen Punkten verbinden kann und bei der wohl alle Menschen zustimmen werden, dass sie Frieden und Sicherheit schafft. Hier ist sie:

Punkt 1: Heute ist ein schöner Tag.

Einverstanden? Falls es dort, wo du dich gerade aufhältst, wie aus Kübeln gießt, dann versuche bitte, das Gute darin zu erkennen. Nun könntest du natürlich mit allem Recht behaupten, dass in manchen Ecken der Welt, wo nichts als Leid und Elend herrschen, heute keineswegs ein schöner Tag ist. Doch wären solche Ecken nicht die Ausnahme? Ist die Behauptung nicht doch berechtigt, dass das Leben als Ganzes betrachtet trotz seiner Herausforderungen für die Mehrheit der Lebensformen auf diesem Planeten schön ist?

Abhängig von der Tageszeit und deinem Aufenthaltsort, war das Leben immer schön, ist es immer schön und wird es immer schön sein.

Nun, nachdem dir diese Wahrheit über das Leben hier auf Erden offenbart wurde, hast du da nicht eine gewisse Bodenhaftung erhalten? Sind das nicht Informationen, auf deren Basis du Entscheidungen treffen, einen Kurs abstecken und Pläne schmieden kannst? Schließlich ist Wissen Macht. Wenn heute ein ebenso schöner Tag ist, wie er es gestern war und wie er es, logisch schlussfolgernd, auch morgen sein wird, dann kann man sich doch dafür entscheiden, ihn auch zu genießen. Den Tanz des Lebens tanzen, in die Welt hinaustreten, Freunde finden, jede Gelegenheit beim Schopf packen, sich drehen, wirbeln, springen, hüpfen. Sieh nur, welche Macht wir erlangen, wenn wir Punkte miteinander verbinden!

So weit, so gut. Um zu verstehen, was Ockham uns mitzuteilen hat, wollen wir nun ein paar weitere, *unnötige* Punkte miteinander verbinden:

Punkt 1: Heute ist ein schöner Tag …
Punkt 2: … weil gerade Ruhe vor dem Sturm ist.

Nun, vielleicht ist das ja so. Vielleicht aber auch nicht. Möglicherweise solltest du besser rasch die Schotten dicht machen! Andererseits: Da du nie zuvor die Schotten dicht gemacht hast und damit gut gefahren bist, könntest du deinen fröhlichen Weg doch auch fortsetzen und einfach das Beste hoffen?

Kannst du erkennen, wie dir der Boden unter den Füßen weggezogen wurde und du deine Bodenhaftung verloren hast, nur weil du einen *unnötigen*, einen zweifelhaften Punkt verbunden hast?

Punkt 1: Heute ist ein schöner Tag …
Punkt 2: … weil du gestern Abend deine Mutter angerufen und nicht die Geduld verloren hast, und deshalb belohnt dich Gott mit Sonnenwärme und einem lauen Lüftchen.

Wie bitte? Plötzlich hat Gott die Bühne betreten? Ein Urteil wird stillschweigend angedeutet? Und obendrein: Die anderen werden ohne ihr Zutun zu den Nutznießern deines guten Benehmens? Was für einen Tag hätten sie denn, wenn du vergessen hättest, deine Mutter anzurufen, oder, noch schlimmer, wenn dir der Geduldsfaden gerissen wäre?

Auch hier ist dir die Bodenhaftung verlorengegangen, weil du noch einen weiteren unnötigen Punkt verbunden hast. Doch leider, und darin liegt das Problem, konstatiert die philosophische Verfahrensweise der heute Lebenden, dass derjenige, der die meisten Punkte verbindet, der Wahrheit – und in manchen Kreisen sogar Gott – am nächsten kommt!

Wenn du es anderen gestattest, für dich deine Punkte miteinander zu verbinden, dann erklärst du dich bereit, nach ihren Regeln zu leben. Unter Zuhilfenahme von Ockhams Rasiermesser und indem du dich nach innen wendest, bist du fähig, deine eigenen Fragen zu beantworten.

Woher du kommst

Du würdest doch sicher zustimmen, wenn ich sage, Zeit und Raum sind relativ, oder? Dass sie von jedem Menschen anders erlebt werden? Und daher eher Illusionen ähneln als festem Stoff? Dass sie nicht sind, was sie zu sein scheinen?

Punkt 1: Zeit und Raum (und folglich auch die Materie) sind illusionär.

Wenn also Zeit und Raum eine Illusion wie eine Fata Morgana sind, muss es dann nicht irgendeine Instanz geben, die solche Illusionen hervorbringt oder sie unterstützt? Etwas, das mehr von einer vertrauenswürdigen Grundlinie hat? In der Art, wie die Wüste zur Fata Morgana steht? Dabei ist es gar nicht erforderlich, dass du etwas über diese Instanz weißt oder sie verstehst – viel zu viele Punkte! Aber geben muss es sie ja wohl trotzdem? Vielleicht wie eine Dimension, die den Illusionen vorausgeht oder jedenfalls unabhängig von ihnen existiert?

Ja, so muss es sein.

Punkt 2: Es gibt eine Dimension, in der weder Zeit noch Raum existieren.

Welches eine Ding meinst du also, wirst du antreffen in einer Dimension, die Zeit, Raum, Materie und dir selbst »vorausgeht«?

Wahnsinn! Unzählige und unzählige und unzählige Punkte, die alle scheinbar nicht miteinander verbunden werden können. Für gewöhnlich gelangen wir bei unserer Suche nach der Wahrheit genau bis zu dieser Stelle, die uns dann überfordert, uns zum Aufgeben veranlasst und an der wir es schließlich anderen überlassen, Antworten zu finden. Aber mach dir keine Sorgen, denn tatsächlich gibt es wenigstens einen Punkt – ja, genau einen! –, den wir verbinden können, ohne dass er sich unwahrscheinlich, unangenehm oder auch erzwungen anfühlt.

Bewusstsein. Ja? Irgendeine Form von Bewusstsein oder Intelligenz (deren Existenz du vor einigen Seiten bestätigt hast, weil sonst das Leben dumm wäre) muss Zeit, Raum und Materie vorausgegangen sein. Wenn du wolltest, könntest du diese Instanz Gott nennen, denn beide funktionieren gleich, aber bitte tu das nicht, *noch nicht*. Normalerweise verbinden die Menschen an dieser Stelle Punkte, ohne groß darüber nachzudenken. Doch da wir Gott als eine Ansammlung von Punkten empfinden, die unsere ganz persönliche Glaubensvorstellung verkörpert, verlieren wir rasch den Überblick, sobald wir verschiedene Punktesammlungen in einen Topf werfen.

Punkt 3: In der Dimension, die Zeit, Raum, Materie und dir selbst »vorausgeht«, findest du »Bewusstsein« – oder nenne es Gott (aber noch nicht).

Du hast recht: Diese Beobachtungen/Punkte sind äußerst primitiv. Doch gleichzeitig gehören sie einer unvorstellbar bedeutenden und wichtigen Gattung an. Es ist entscheidend, dass du mitspielst, an Bord kommst und dir das Offensichtliche eingestehst, denn dein Glück und deine Kontrolle über dein Leben stehen auf dem Spiel. Möglicherweise zählt es zu deinen größten Verantwortungen, so viel du nur kannst von deiner Anwesenheit im Kosmos zu begreifen, und sei es auf einfachstem Niveau.

Bleib dran: Du stehst kurz davor, das Geheimnis zu lüften.

Was sonst gibt es, das wir außerdem als Intelligenz, als

Bewusstsein oder Erkenntnis bezeichnen könnten? Wie wäre es mit Denken? Entspricht nicht Denken in der Regel allen drei Kategorien und ermöglicht sie sogar?

Punkt 4: Vor Zeit und Raum trifft man auf die eine oder andere Variante des Denkens!

Wer du sein musst

Und wenn »dort«, wo ursprünglich nichts als Intelligenz, Bewusstsein oder *Denken* war, jetzt Planeten, Berge und Menschen (Zeit, Raum und Materie) existieren, woraus sind dann Planeten, Berge und Menschen beschaffen?

Ja, genau! Mitten ins Schwarze getroffen! Sie müssen alle aus Gedanken entstanden sein! Gedanken, die zu Dingen wurden!

Und sieh doch mal, wer jetzt ins Nachdenken kommt ...

Aber wir eilen zu weit voraus.

Punkt 5: Gedanken wurden zu Dingen. Gedanken werden zu Dingen.

Natürlich meinen wir, wenn wir »Dinge« sagen, auch Umstände und Ereignisse, die im Grunde nichts anderes als Dinge in Bewegung sind.

So sind es also vor allem Gedanken, die Dinge in Zeit und Raum in Bewegung setzen. Gedanken: Bewusstsein, Intelligenz und Erkenntnis. Oder, wenn du willst, kannst du dieses Trio jetzt Gott nennen. Aber es geht noch weiter, viel weiter sogar: Dort, wo einmal nur Intelligenz, Bewusstsein oder Denken war (also Gott), bist jetzt – unter anderem – du. Und wer musst du dann sein?

Du musst aus diesem Bewusstsein, dieser Intelligenz und aus dieser Erkenntnis hervorgegangen sein, was wiederum ohne jeden Zweifel bedeutet, dass du aus Gott hervorgegangen bist und dass du deshalb *selbst durch und durch göttlich bist*. In den Illusionen von Zeit und Raum, im Traum des Lebens, werden die Augen und Ohren des Göttlichen im wahrsten Sinne des Wortes zum Leben erweckt.

Es ist schlichtweg undenkbar, dass du nicht Gott bist! Was sonst könntest du sein, der du doch aus dieser ursprünglichen Erkenntnis hervorgegangen bist? Woher sonst solltest du kommen? Woraus sonst könntest du erschaffen sein? Als ob es so etwas wie einen Nicht-Gott geben könnte! Alles ist Gott. Kiesel, Ozeane, schwarze Löcher, du und alles andere auch. Am Anfang deiner Gleichung steht Erkenntnis-Denken-Gott in Reinform, und jede Ableitung kann somit nur Erkenntnis-Denken-Gott in Reinform sein.

Punkt 6: Du bist reiner Gott.

Wir haben uns bisher noch nicht genauer dazu geäußert, was Gott ist, und wollen uns in dieser Hinsicht auch lieber zurückhalten. Für alles Nachfolgende wollen wir uns mit einer nur groben Definition zufriedengeben: Gott verfügt über Erkenntnis, Intelligenz und Bewusstsein; er ist, woraus du – wie alle Dinge – hervorgegangen bist und in dem du – wie alle Dinge – auch weiterhin verbleibst.

Und selbstverständlich ist Gott, falls dir solche Schlüsse weiterhelfen, mehr als du. Unendlich viel mehr. Unvorstellbar viel mehr. Es gibt Trillionen Punkte, die sich verbinden lassen, aber du brauchst sie nicht miteinander zu verbinden, denn es würde nichts daran ändern, dass jede

Zelle in deinem Körper reiner Gott ist. Außerdem solltest du auch wirklich darauf verzichten, noch weitere Punkte miteinander zu verbinden. Bedenke, dass du im Augenblick eigentlich nur die Toten unterstützen willst, dir klarzumachen, dass sie in Wirklichkeit gar nicht tot sind. Und diese Tatsache wirst du viel leichter akzeptieren, wenn du dir vor Augen führst, dass ihre Existenz, wie die deine, nicht abhängig ist von den Illusionen, die dir so wahr vorkommen.

Wir wollen also unseren Weg fortsetzen, denn nichts wird dein Selbstvertrauen so stärken wie die Antworten auf einige Fragen, die die Menschheit seit Urzeiten umtreiben.

Warum du hier bist

Das ist ein ziemlich gewichtiger Punkt. Bist du nervös? Kein Wunder, wenn man bedenkt, welcher Gehirnwäsche wir seit Jahrhunderten unterzogen werden. Wir müssen uns anhören, dass wir Grenzen haben, altern, verletzlich sind, schon sündig hinein in die Sünde geboren werden und unvermeidlich für den Rest unseres Lebens weitere Sünden anhäufen und deshalb auf jeden Fall geprüft und verurteilt werden. Wie bitte? Und warum? Um herauszufinden, ob du nicht gesündigt hast? Ein abgekartetes Spiel, vollkommen unangemessen. Hier kann keiner gewinnen. Wie wäre es also, wenn wir uns von allen diesen Vorstellungen verabschieden würden, die Tür öffnen und darauf verzichten, Punkte miteinander zu verbinden, die gar nicht verbunden werden müssen?

In Anbetracht deines eher leicht zu entschlüsselnden Erbes, denn du bist, wie wir ja festgestellt haben, selbst durch und durch göttlich, kann es ja wohl nur eine einzige Erklärung für deine gegenwärtige Anwesenheit in Zeit und Raum geben: Du selbst hast dich entschieden, hier zu sein. Wenn du von Gott, durch Gott und reiner Gott bist, und wenn Gott (Erkenntnis, Denken) Zeit und Raum vorausgeht, dann bedeutet das, dass du, dass ein Teil von dir ebenfalls Zeit und Raum vorausgegangen sein muss.

Nun, wenn du also in irgendeiner Form vor Zeit und Raum existiert hast und jetzt hier bist, welche andere Erklärung könnte es dann für deine Anwesenheit und die aller anderen Menschen inmitten dieser Illusionen geben, als die, dass wir alle selbst uns dafür entschieden haben? So ist die Wahrheit. Logisch. Einfach. Sinnvoll. Wer könnte Gott zu etwas zwingen und wie? Wäre es irgendwie logisch, wenn du kein Mitspracherecht hättest? Bist du womöglich von einer Wolke geschubst worden? Oder hast du vielleicht den Kürzeren gezogen?

Punkt 7: Du hast selbst entschieden, hier zu sein.

Interessant, wie viele von uns verstehen, dass sie *jenseits* der Illusionen weiterleben, aber nicht begreifen, dass sie auch *vor* ihnen schon da waren. Doch wenn die Zeit, wie Raum und Materie, eine von dir selbst geschaffene Illusion ist, dann musst du doch schon vorher da gewesen sein. Kniffelig. Ohne Zweifel hat dein bisheriges mangelndes Verständnis für diese Zusammenhänge mit dem Fehlen einer Erinnerung an diese Zeit in der Vergangenheit zu tun, als du noch nicht der Mensch warst, der du jetzt im Umfeld deiner Illusionen bist. Doch seit wann bedeutet, sich nicht an etwas zu erinnern, dass es deshalb nicht existiert? Mit nur ein wenig mehr Innenschau und Punkteverbinden wird dir plötzlich vollkommen klar, warum du dich nicht erinnerst, dein Hiersein gewählt zu haben: weil du dich nicht daran erinnern willst.

Licht aus, Amnesie an

Wenn du eine Nachmittagsvorstellung im Kino besuchst, wünschst du dir dann, dass die Lichter an oder aus sind?

Aus, nicht wahr?

Warum?

Damit du besser sehen kannst! Und zwar nicht nur mit deinen Augen, sondern auch mit deinem Herzen. Du möchtest die Handlung besser nachempfinden können. Du möchtest bei jeder Szene an der Seite der Schauspielerinnen und Schauspieler sein. Du möchtest wie sie vor deinen Ängsten zuerst davonlaufen und dich ihnen dann stellen. Du möchtest wie sie die ungünstigen Voraussetzungen meistern und dich behaupten! Du möchtest gleichauf mit deinem Schwarm sein. Du möchtest, wenigstens vorübergehend, vergessen, dass du überhaupt existierst, damit dein »größeres Du« sich unterhalten fühlt und etwas dazulernt. In ein, zwei Stunden, wenn der Film zu Ende ist, stehst du dann wieder draußen in der Sonne, in deinem eigenen Leben. Nur, jetzt im Kino wirst du mehr sein, denn dass du dich selbst *vergessen* konntest, hat dir Gelegenheit gegeben, als jemand mit anderen Vorstellungen, anderen Requisiten und mit einem anderen Freundeskreis andere Regeln zu erfahren – was alles Bestandteil des Drehbuches ist, dessen Umsetzung du dir soeben zu Gemüte geführt hast.

Das erste Du, also jenes, das Zeit und Raum vorausging, hat die Illusionen aus genau dem gleichen Grund gewählt wie du deine Nachmittagsvorstellung: um Spaß zu haben, etwas zu lernen, Freude zu empfinden und vielleicht auch, um einer Herausforderung zu begegnen. Doch während das erste Du vergisst, dass es zuerst da war, die Möglichkeiten für jede Szene im Drehbuch festgehalten und die Schauplätze erdacht hat, und dass es noch da sein wird, wenn die Illusionen vorüber sind, beginnt sich plötzlich das erstaunlichste Abenteuer zu entfalten. Es kommt nämlich darauf an, dass das größere Du zuerst da war, noch vor den Illusionen; du selbst beziehungsweise eine Erweiterung von dir hat das Abenteuer so gestaltet, dass du (das zweite Du) dich für einen Moment darin verlierst. Und sobald du das begriffen hast, erkennst du auch, dass du der Grund bist, warum die Sonne jeden Morgen aufgeht, im wahrsten Sinn des Wortes. Du bist eben kein Nachklapp oder Anhängsel, sondern du bist das eigentliche Ding. Und du wirst fortbestehen, noch lange nachdem auch der letzte Stern an diesem illusionären, wenngleich spektakulären Nachthimmel erloschen ist.

Punkt 8: Du wolltest vergessen, wer du bist, damit du ganz und gar der sein konntest, der du bist.

Alles das bedeutet zweifelsohne, dass du, da du deine Entscheidung auf dem Höhepunkt deiner Brillanz (der mit Sicherheit alles übertrifft, was du im Augenblick aufzubringen vermagst) vor dem Eintreten deiner Amnesie und daher auf der Basis der Logik getroffen hast, nicht nur freiwillig hier bist, sondern heute auch genau der Mensch bist, der du sein wolltest: *Kein anderer Mensch wolltest du je mehr sein!* Aus einer unendlichen Anzahl von Welten und Möglichkeiten hast du nicht nur auf der Basis deiner Brillanz deine Wahl getroffen, sondern als logische Folge ebendieser Brillanz auch aus edlen, einzigartigen und ästhetischen Gründen sowie mit Sinn, System und sicherlich zig anderen Zielen und Erwägungen.

Du hast alles selbst ausgewählt: wie du jetzt bist – bis hin zur Form deiner Nase, den Sommersprossen auf deinen Wangen, der Länge deiner Beine; aber auch deine intellektuellen und emotionalen Neigungen, deine Charaktereigenschaften und alles andere, was zu dir zu gehören du diesmal beanspruchst. (Aber selbstverständlich gibt es andere Male, denn schließlich bist du unsterblich, und deine Traumwelt ist eine Illusion. Doch damit befassen wir uns dann später.) Und auch hier gilt: Es spielt keine Rolle, ob du irgendwelche Erinnerungen an irgendwelche deiner Ambitionen hast. Solche Gedächtnisausfälle sind völlig unbedeutend. Dein totaler Gedächtnisausfall hindert dich nicht daran – wie wir ja gerade festgestellt haben –, dir eine gewisse Vorstellung von dem zu machen, was gerade abläuft, und er hindert dich auch nicht daran, einiges von dem zu erreichen, wofür du hierhergekommen bist; schließlich kannst du dich ja auch durch eine Matineevorstellung gut unterhalten und informiert fühlen, obwohl du dich in ihr vergisst.

Punkt 9: Du bist jetzt genau der Mensch, der du immer sein wolltest, und du wusstest ganz genau, worauf du dich eingelassen hast.

Der Sinn des Lebens

Was ist also der Sinn des Lebens? Auch hier gilt: Es gibt viel zu viele Punkte, um auch nur eine halbwegs vollständige Antwort hinzubekommen. Aber du benötigst ja auch gar nicht unbedingt eine vollständige Antwort, um Bodenhaftung zu erlangen; es reicht aus, selbstbewusst ein paar einzelne Punkte miteinander zu verbinden. Um das zu erreichen, musst du nur nach dem Offensichtlichen suchen – nach dem, was wirklich im Verlauf praktisch eines jeden Menschenlebens geschieht. Und das war es auch schon. Nenne also einfach nur etwas, dem praktisch jeder, unabhängig von Glaubensbekenntnis oder Herkunft, zustimmen würde, und es könnte sein, dass du mit einem Mal die Antwort zu der uralten Frage nach dem Warum gefunden hast:

1. Um zu lieben,
2. um geliebt zu werden,
3. um nach Glück zu streben.

Jeder dieser drei Punkte weist eigene Unterpunkte auf, beispielsweise: um kreativ zu sein, um zu verändern, um zu dienen, um zu lernen, zu lachen und so weiter. Jedenfalls haben wir hier drei Gründe, die bei allen Menschen ganz oben auf der Liste stehen.

Punkt 10: Wegen Liebe und Glück sind wir hier.

Darum geht es! Warum muss es immer noch mehr geben? Schon möglich, dass da noch mehr ist, viel mehr sogar. Doch bis es dich packt oder bis noch mehr am Horizont auftaucht, sei damit zufrieden, nur die offensichtlichen, einfachen und logischen Punkte, denen du vertraust, miteinander zu verbinden.

Indem du komplizierte Fragen stellst, dich nach innen wendest und einfache Antworten schlussfolgerst, kannst du nach und nach erkennen, welchen Platz du in der Gleichung der Wirklichkeitserschaffung hast, deren Schöpfer du selbst bist.

Diese zehn Punkte liefern dir nicht nur eine Richtungsvorgabe und eine Antwort auf die Sinnfrage, sie offenbaren außerdem die entscheidenden beweglichen Teile im Abenteuer deines Lebens oder, das trifft es noch besser, *deines Denkens*.

Diese zehn Punkte sind der Knopf, den du drücken, der Hebel, den du betätigen musst, wenn du dich nach mehr Liebe oder mehr Glück sehnst oder etwas Tiefgreifendes verändern willst. Sie bereiten dir den Weg, um Mangel durch Fülle zu ersetzen, Krankheit durch Gesundheit, Einsamkeit durch Freundschaft, Verwirrung durch Klarheit und Angst – wozu auch deine veralteten Vorstellungen vom Tod gehören – durch Zuversicht.

Was geschieht, wenn du stirbst

Zuallererst sei gesagt: Du stirbst nicht. Mehr musst du über den Tod eigentlich gar nicht wissen. Und dies ist auch das Erste und Wichtigste, was die Verstorbenen dir mitteilen wollen. Viele hatten zunächst selbst ihre Mühe damit. Sie blickten gerade auf ihre eigene Beerdigung zurück, konnten sich noch nicht von ihrem alten Revier lösen und waren verwirrt und überrascht, weil ihre Versuche misslangen, mit Gesten und Zurufen Kontakt mit ihren zurückgelassenen Freunden aufzunehmen.

Es findet natürlich eine abrupte Ablösung statt, wenn man alle Dinge in Zeit und Raum zurücklässt und lernen muss, sich im Unsichtbaren zurechtzufinden. Das Wesen dieses Übergangs hängt ganz und gar von den Vorstellungen des Verstorbenen zum Zeitpunkt seines Übergangs ab, denn seine Überzeugungen und Gedanken folgen ihm in seine neue Umgebung. Auch dort gilt das Gesetz, dass aus Gedanken Dinge werden; es geschieht jedoch schneller und in größerem Umfang, um den Erwartungen der Neuankömmlinge zu entsprechen – oftmals in nur einem einzigen Lidschlag.

Engel, Jesus, Mohammed, Buddha, Krishna und viele andere Gottheiten und Heilige halten alle Teile ihrer Energie für den konstanten Zustrom an Neuankömmlingen bereit. Sie heißen sie, basierend auf den erwarteten und glaubensbedingten Szenarien des jeweiligen Verstorbenen, auf jede nur denkbare Weise willkommen, schimpfen, loben oder feiern sie. Man sieht ausgefeilte Bühnenbilder auf Wolken umherschweben, den Zusammenbau goldener Tore, die Manifestation des Gartens Eden, das Aufflammen von Scheiterhaufen – was eben den Vorstellungen der Ankömmlinge entspricht. Vergiss nicht: In den Dimensionen der Illusionen, wie Zeit, Raum und das Leben nach dem Tod sie darstellen, können sich Retter an unendlich vielen Orten zur gleichen Zeit aufhalten. Zu den Empfangskomitees gehören, wenn angemessen, auch Gruppen von bereits früher verstorbenen, geliebten Menschen und Personen, auf deren Leben der Neuankömmling mit seinen Entscheidungen und seiner Lebensführung Einfluss genommen hat. Die Toten empfangen die jüngst Verstorbenen also und versichern ihnen, dass sie überlebt haben und an einem wunderbaren Ort angelangt sind. Dann nehmen alle die physische Form und das Alter an, mit denen sie sich zu Lebzeiten am wohlsten gefühlt haben.

Zeit spielt keine Rolle; das Fest kann wochenlang dauern. Raum spielt keine Rolle; alles scheint allein für dich zu existieren. Ungefähr so wie auf der Erde, falls dir das aufgefallen ist. Kommunikation findet überwiegend in einer plötzlich erinnerten Form der Telepathie statt, die sich für dich nun ebenso natürlich anfühlt wie früher das Händeschütteln. Reisen erfolgt, indem man sich mit dem Willen dorthin expediert, wo man gerade sein möchte. Freunde findet man auf die gleiche Weise. Denken verbindet alles, *ist* alles. Außerdem wirst du beglückt feststellen, dass auch du das physische Äußere angenommen hast, das dir zu Lebzeiten am besten gefiel, und dass alle Schmerzen und Wehwehchen verschwunden sind. Auch wirst du rasch herausfinden, wie du dich noch weiter verändern kannst. Für die Toten hat »unbegrenzt« eine neue Bedeutung.

Schon bald erscheinen strahlende, freudige und liebevolle Führer. Sie helfen dir bei der Orientierung und beantworten deine Fragen. Sie unterweisen dich. Gemahnen dich. Lieben dich. Zeigen dir etwas. Alles wird deutlicher. Du erinnerst dich an die Hoffnungen und Intentionen deines zurückliegenden Lebens und weshalb du es gewählt hast. Du revidierst die Ereignisse deines Lebens. Du erkennst, wie die Dinge zusammenhingen – oder auch nicht und weshalb. Deine eigene Macht, Weisheit und Freundlichkeit rauben dir den Atem; du empfindest Traurigkeit wegen all der Dinge, die du verpasst, falsch eingeschätzt und missverstanden hast; und du fühlst dich inspiriert durch die Gewissheit, dass du einen neuen Versuch wagen, Wiedergutmachung leisten und deinen Weg sogar mit noch größerer Liebe fortsetzen kannst. Zurückliegende Leben mitsamt den zugehörigen Freunden, Lieben und Lektionen treten in dein Blickfeld. Alles setzt sich plötzlich wie ein erstaunliches Kunstwerk zu einem sinnvollen Bild zusammen – ein Meisterwerk der Vollkommenheit. Und du wunderst dich, dass du selbst den Pinsel noch in der Hand hältst.

Hallo, Gott?

Möglicherweise tritt dir Gott bei deiner Ankunft entgegen, falls du ihn auf der Basis deiner Überzeugungen und Erwartungen manifestiert hast. Doch mit der Zeit, wenn dir die Zusammenhänge klarer werden, nimmt dein Bedürfnis nach solchen Trugbildern ab. Nun hast du Gelegenheit, über das Wunder des Lebens zu staunen und über deine Gegenwart nachzusinnen. Und vielleicht bist du ja fähig zu erkennen, dass Gott alles ist, immer, überall zugleich, nicht menschlich, sondern lebendig in dir, und dass kein Symbol, keine Form oder Gestalt ihn jemals erfassen könnte.

Mit deiner Akzeptanz und deiner Ehrfurcht wachsen auch Zutrauen und Freude und somit dein Bedürfnis, dich mit den Menschen, die du liebst und die dich lieben, auf neue Abenteuer einzulassen. Dir werden verschiedene Möglichkeiten aufgezeigt und gegeneinander abgewogen. Du darfst in dieser neuen, anpassungsfähigen Welt der Illusionen so lange bleiben, wie du möchtest. Doch du erkennst auch, dass du nur deshalb dort bist, weil du dich zuvor in den viel dichteren Sphären aus Zeit und Raum aufgehalten hast, und dass du noch viel zu lernen hast. Diese leichtere, ätherische Variante existiert nur, damit wir uns erfrischen, reinigen und in neuen Gruppen zusammenfinden können. Letztendlich verschmelzen alle deine Erfahrungen im Rahmen dieser und der irdischen Illusionen zu dem, was du schon immer zu erreichen hofftest – alles, was Gott, indem er du ist, schon immer zu erreichen hoffte. Und an diesem Punkt tauchen auf einmal Wege auf, die über die Illusionen hinausgehen. Doch wie sollen sie aussehen? Wir wissen es nicht. Das Beste an alledem ist, wenigstens für den Anfang, dass deine geliebten Menschen, die schon hinübergegangen sind, nicht tot sind. Vielmehr ruhen sie an einem ziemlich spektakulären Ort aus, fügen sich neu ins Gesamtbild ein und träumen. Sie sind jetzt bei Freunden und Führern. Solltest du es zulassen, dann werden sie zum Fest deiner Heimkehr da sein, mit dir feiern, lachen, vor Freude weinen und dich necken, wie sie es ja auch jetzt schon manchmal tun, im Unsichtbaren, hinter deinem Rücken.

Von einem geliebten Verstorbenen

Liebe Kirsten,
ich kann mir schon vorstellen, dass du total schockiert bist, und du weißt ja auch, dass ich abgestandene Witze nicht leiden kann, aber die Berichte von meinem Tod sind heillos übertrieben. Ich bin jetzt genauso »lebendig« wie an dem Tag, als wir uns kennengelernt haben, wenn nicht gar lebendiger.
Im Himmel bin ich nicht gelandet – vielleicht war ich ja nicht brav genug, um reinzukommen; aber ich will mich nicht beklagen. Hier ist es viel besser, als ich mir den Himmel je vorgestellt hatte. Nur das Himmelstor und das Treffen mit Gott gab es nicht und auch keine Zeit zum Ausruhen!
Doch kaum fand ich mich hier zurecht, da fing ich schon an, mich zurück auf die Erde zu sehnen. Auch wenn das Blau hier blauer ist und der Ahornsirup noch mehr nach Ahorn schmeckt und wir

hier alle mit Tieren reden können, auf der Erde ist es eben doch irgendwie ... anders. Das Leben dort hat eine flüchtige Qualität, die ermöglicht wird durch das scheinbar absolute Wesen von Zeit, Raum und Materie. Eine Blume auf Erden scheint so viel zarter und wertvoller zu sein als eine Blume hier.

Es besteht kein Zweifel, dass ich mich hier mehr zu Hause fühle als an jedem anderen Ort, an dem ich je war oder den ich mir vorgestellt hatte. Auf der Erde erreicht die Leichtigkeit des Seins ein nahezu unerträgliches Ausmaß. Hier ist die Liebe greifbar, Komfort gibt es im Überfluss, die eigene Identität steht nicht in Frage, Vollkommenheit herrscht allenthalben, und alles scheint so zu sein, wie es sein soll. Auf der Erde kann man diese Dinge nur in einigen wenigen Augenblicken spüren, die sich über das ganze Leben verteilen.

Und trotzdem, hier fühle ich mich nicht im eigentlichen Sinne zu Hause. Ich könnte nicht einmal sagen, dass ich mich an zu Hause erinnere oder wüsste, wo es ist. Dieser Ort hier fühlt sich mehr an wie ein Urlaub von der Intensität des Lebens auf Erden. Wir alle zischen hier in der Geschwindigkeit von Gedanken umher, und das fühlt sich toll an. Ich habe Freunde, mache Ausflüge, habe etwas zu tun und sogar ein Auto, das ich um der alten Zeiten willen manchmal wasche. Aber ehrlich gesagt: Es ist ein bisschen langweilig. Ich sehne mich zurück nach dem Leben auf des Messers Schneide – so empfinde ich das Erschaffen von Wirklichkeiten. Mir wird gezeigt, dass wir durch die Rückkehr auf die Ebene von Zeit und Raum – um dort noch mehr zu lernen und klüger zu werden – schließlich bereit sein werden für noch größere Veränderungen, die uns unserem Zuhause näherbringen – an einem Ort, der noch jenseits meines gegenwärtigen Aufenthaltsorts liegt.

Gegen die Erde spricht natürlich, dass es dort Angst gibt. Hier gibt es keine Angst! Und auf der Erde gibt es auch diese niemals endende Furcht vor Gefahren, die wir empfinden, weil wir uns auf unsere physischen Sinne verlassen müssen. Außerdem Unsicherheit, Kleinmut, Selbstzweifel und anfallartigen Selbsthass. Die ungezügelte Panik, die uns überfällt, wenn wir darüber nachgrübeln, was andere wohl von uns denken. Die Erde ist wie eine exotische Schule der Abenteuer und des Lernens, bis oben hin voll mit Begierden und Kummer, Fülle und Mangel, Gelagen und Hungertagen; die Liste der Extreme ist unendlich, wie du ja selbst weißt. Aber genau das ist es ja! Die Gegensätzlichkeit von Zeit und Raum gibt einem bei jeder Entscheidung das Gefühl, zum Schluss entweder alles oder gar nichts zu haben. Haben oder nicht haben? Hier oder dort? Jetzt oder später? Genau dieses allgegenwärtige Gefühl von »oder« setzt diese Sturmfluten unwiderstehlicher Emotionen frei. Emotionen, die es so hier nicht gibt!

Und was noch hinzukommt: Hier erkennt man gleich zu Beginn, wie sicher man die ganze Zeit auf der Erde ist, wie sehr beschützt und geleitet, wie eigenverantwortlich man seine Erfahrungen ausgewählt hat und wie einfach es ist, alles, was man sich erträumt, als Nächstes geschehen zu lassen – selbst wenn es genau umgekehrt zu sein scheint. Kein Wunder also, dass alle hier unbedingt zurückwollen. Was aber nicht heißt, dass wir hier unglücklich sind!

Ach je, es ist schon 12.30 Mond. Fast hätte ich es vergessen: Solargleiten, mein neues Hobby! Würdest du mich entschuldigen, meine Liebe? Ich muss jetzt Lichtreflexe fangen und dann noch ein bisschen lernen für meinen nächsten …

Der Deine bis zum Ende aller Zeiten (was tatsächlich gar nicht so weit weg ist)
Johnny

Sorge dich nicht, sei glücklich!

Wenn du mit Sicherheit wüsstest, dass deine geliebten Verstorbenen sich gleich um die Ecke befinden und dass du sie sehr bald wiedersehen wirst – würde das nicht *alles* ändern? Dann lass es zu! Sei versichert, in der Liebe des Universums sind sie am Leben, es geht ihnen gut, und sie sind – vielleicht überrascht dich das ja – äußerst beschäftigt. Sie wünschen sich, dass es dir genauso geht. Sie werden für deine Heimkehr eine sagenhafte, unvorstellbare Feier organisieren, doch im Augenblick hast du noch etwas viel Größeres zu feiern: dein Leben. Bis dahin wisse, dass man den Tod nicht fürchten muss und den Teufel oder die Hölle schon gar nicht. Und genau darüber sollst du im nächsten Kapitel nachdenken.

Kapitel 2

Teufel und Hölle
gibt es nicht

Es gibt wohl kaum eine größere Lüge als die Erfindung des Teufels, der die Sünder in der Hölle erwartet. Was auch immer Gutes diese Bilder bewirkten, indem sie Menschen davon abhielten, zu sündigen, wird zweifellos durch die von ihnen ausgelöste Massenmanipulation relativiert, die viele Menschen verwirrt und unglücklich gemacht hat und sie zu einem von Schuldgefühlen, Ängsten und Unterwürfigkeit bestimmten Leben verdammt hat.

Doch Sünder, die die Schwelle zwischen den Welten überschreiten, treten dort nicht dem Teufel gegenüber – und ihrem Schöpfer auch nicht. Es erwartet sie vielmehr ein Freudentaumel sondergleichen. Begeistert stellen sie fest, dass sie nicht nur unsterblich sind, sondern außerdem genau so, wie sie sind, geliebt, anerkannt, geschätzt und vergöttert werden und dass ihnen alles vergeben ist. Wenn ich das doch nur zu meinen Lebzeiten gewusst hätte, denken sie, wie anders hätte dann alles sein können.

Zum Glück erkennen sie, dass die Ewigkeit noch immer lockt, dass gute Gelegenheiten im Überfluss vorhanden sind und dass sie ihre Entdeckungen vielleicht sogar an die Lebenden weitergeben können.

Wie der Spaß anfängt

Zunächst einmal ist da wieder die Dichotomie der Illusionen, die jeden schlecht dastehen lässt. Für dich muss es, wenn es ein Oben gibt, auch ein Unten geben, wenn es »vorher« gibt, auch »nachher« geben. Und aus deiner Perspektive inmitten der Illusionen betrachtet, hast du sogar recht. Nur sind die Illusionen von Zeit, Raum und Materie eben *Illusionen*. Ohne es zu wissen, fristest du dein Leben in einem Haus aus Blendwerk und versuchst, dir die Welt da draußen aus dieser Perspektive zu erklären. Erwartungsgemäß veranlasst uns diese Fehleinschätzung – und zwar verstärkt, da wir ja nichts von ihrer Existenz wissen –, nicht nur an Gott, sondern auch an sein Gegenteil, den Teufel, zu glauben. Doch der Schein trügt.

Die meisten erkennen, dass es ohne Illusionen keine Zeit, keinen Raum und keine Materie und folglich auch keine Dichotomien gibt. Also kein Hier und Dort. Kein Vorher und Nachher. Kein Sehnen nach Dingen, die man nicht hat, und kein Haben von Dingen, die man nicht will. Im Wesentlichen: kein Ort als Ziel, keine Weggefährten, keine Aufgabe, die es zu erfüllen gilt. Kein Abenteuer. Keinen Spaß. Denn genau dafür sind die Illusionen zuständig!

Der Preis für Abenteuer und Spaß, die von den Illusionen ermöglicht werden, ist der Glaube an die alten Lügen des Hier oder Dort und alle anderen erwähnten Dichotomien. Doch sobald das Spiel einmal in Gang gekommen ist, weiß man nicht mehr, wo die Grenze zu ziehen ist; und deshalb nehmen die meisten Menschen das ganze Konstrukt dann einfach zu ernst. Und aus diesem Grund glaubt so mancher, selbst wenn es schmerzt und ängstigt, an den Teufel und die Hölle.

Yin und Yang

Gegensätze existieren als Bestandteil der Illusionen. Dieser Zusammenhang legt etwas wirklich Entscheidendes nahe, das allerdings den meisten Menschen entgeht: Gegensätze sind rein theoretisch!

Zwar ermöglichen die Dichotomien von Zeit und Raum Gegensätze, aber das heißt noch lange nicht, dass sie auch zwangsläufig existieren müssen. Sie bleiben im Bereich des Möglichen, bis du sie selbst hervorrufst. Die meisten Menschen gehen jedoch davon aus, dass man, wenn man das eine hat, auch sein Gegenteil braucht. Dazu ein paar Beispiele: Um glücklich zu sein, muss man Traurigkeit kennen; um Licht zu haben, muss es irgendwo Dunkelheit geben; Kälte bedarf als Gegenstück der Hitze – und andersherum. Wohl kaum! Zwar erzeugen derartige Dichotomien eine Objektivität mit theoretischen Extremen an beiden Enden, doch ist die Annahme naiv, dass man, wenn man das eine Ende kennenlernt, erfährt oder erreicht, zwangsläufig auch das andere Ende kennenlernen, erfahren oder erreichen muss. Du darfst nicht vergessen, dass beides nur Illusionen sind.

Es gibt tatsächlich Asketen, die sich von Freude und Glück fernhalten, weil sie meinen, damit Depression und Traurigkeit Tür und Tor zu öffnen. Doch diese Vorstellung lässt außer Acht, dass nur die Liebe die Schöpfung zusammenhält, nicht Liebe und Hass zu gleichen Teilen; dass das Leben nur gut ist und nicht gleichermaßen gut und schlecht; dass du deinen Ursprung im Göttlichen hast und nur auf Erfolg gepolt bist, nicht zu gleichen Teilen auf Erfolg und Niederlage.

Wenn du heute frierst, heißt das nicht, dass du morgen im gleichen Maß schwitzen musst. Genauso wenig wird von dir verlangt, dass du, wenn du auf der Nordhalbkugel lebst, zwangsläufig irgendwann auf die Südhalbkugel umziehen musst. Wer sein Leben freudig in den Dienst seiner Mitmenschen stellt, der muss sich nicht, nur weil das Pendel irgendwann einmal in die andere Richtung ausschlägt, von einem Dr. Jekyll in einen Mr. Hyde verwandeln. Man muss nicht leiden, um Freude zu erfahren, und sich auch nicht davor fürchten, dass man Freude später mit Traurigkeit zu bezahlen hat. Und genauso wenig bestätigt der Glaube an Gott und an den Himmel die Existenz des Teufels und der Hölle.

Alles ist gut

Überall finden sich zahllose Beweise dafür, wie gut das Leben ist. Stimmt, »gut« ist Bestandteil einer illusionären Dichotomie – der Punkt geht an dich! Trotzdem ist es zutreffender, zu behaupten, dass das Leben nur gut ist, als zu sagen, dass es gut und schlecht zugleich ist. Und das ist fantastisch: Es erzeugt Hoffnung, verleiht Bodenhaftung, flößt Optimismus ein und fördert das Miteinander. Auch ist die Aussage, Gott ist gut, zutreffender als die Behauptung, Gott ist gut und schlecht zugleich. Tatsächlich verhält es sich so, als ob alles Gute, was du je über das Leben, Gott und dich selbst gehört hast, zutrifft und alles Schlechte nicht. Und das führt uns zu der Erkenntnis, dass es sehr wohl einen »Himmel« gibt – mit diesem Begriff bringen wir zum Ausdruck, dass sich unser Bewusstsein über den Tod hinaus fortsetzt –, eine Hölle jedoch nicht.

Zugegeben, das hört sich nach einer versponnenen, populistischen Meinung an, nur dass es eben für ihre Gültigkeit überall Beweise gibt. Dass du bist, dass ich bin! Dass das Leben, wie immer es auch entstanden sein mag, irgendwie weitergeht! Dass ihm, entgegen aller Logik und aller Wahrscheinlichkeit und der Menschheit zum Trotz, nicht der Treibstoff ausgegangen und es nicht implodiert ist. Und selbst zerstört hat das Leben sich auch nicht! Ganz im Gegenteil, es breitet sich immer weiter aus, wird immer besser und gewinnt an Fahrt!

Die allgemein akzeptierte Alternative lautet, dass das Böse um seiner selbst willen und aus eigenem Antrieb existiert und dass wir irgendwie glücklich dran sind, weil das Gute auf dem Vormarsch ist. Doch wenn das Böse wirklich um seiner selbst willen existierte, würdest du dann nicht erwarten, dass es etwas dazulernt und erfolgreicher wird, zumindest in einigen Bereichen? Dass es sich immer besser organisiert und irgendwie wächst? Zeichnet sich denn solch eine Entwicklung irgendwo in der Natur ab? Zerstörung um der Zerstörung willen?

Wenn es das Böse als eigenständige Macht gäbe, wenn es immer weiter zunehmen und schließlich das Gute vernichten würde, was käme dann? Würde es sich selbst töten? Kannst du erkennen, dass sich das Böse, ob groß oder klein, schließlich selbst zerstören müsste, wenn es um seiner selbst willen existierte? Es könnte nicht ohne Unterstützung weitermachen; doch da ist nichts, was das Böse unterstützt. Da ist nur das Leben. Und das Leben ist nur gut. Es ist nur Gott. Diese Begriffe sind absolute Synonyme, die sich vor den Augen derer ausleben, die die Dinge so sehen wollen, wie sie sind:

Leben = Gut = Liebe = Eins = Gott

Zwar werden Menschen noch lange Böses tun, doch tun sie es niemals, weil sie selbst böse sind. Und auch wenn sich die obige Gleichung in unserer heutigen Welt noch nicht im Entferntesten verwirklicht zu haben scheint, so wissen wir noch kaum etwas von dem, was die Toten uns dazu mitteilen wollen. Vieles davon wird uns schließlich helfen, das Böse, das Menschen tun, besser zu verstehen.

Der alte Streit

Aber was wäre, wenn Gottes Liebe so *gewaltig* wäre, wenn er so weise, so groß und mutig wäre, dass er seinen Kindern das größte nur vorstellbare Geschenk gemacht und ihnen die *Freiheit der Wahl* geschenkt hätte, damit sie recht und falsch unterscheiden lernen?

Ja! Wunderbar! Und dank eines solchen Geschenks könnten dann alle für immer und ewig leben, unbegrenzt wachsen und lernen und sich vervollkommnen, stimmt's? Nein. Leider verläuft die Geschichte dann doch etwas anders. Die meisten glauben, dass nach unvorstellbar kurzer Zeit, der eines Menschenlebens nämlich, und unabhängig von Eltern, Ort und Zeitalter, dass also nach diesem kurzen Leben Richterspruch und Verurteilung folgen samt der schmerzhaften Erkenntnis, dass die vermeintliche Freiheit nichts war als ein Test.

Augenblick mal. Wenn Gottes Liebe wirklich so groß ist und er wirklich so großherzig das großartigste Geschenk von allen – die Freiheit – verteilt, würde dann nicht dieser Testen-und-Verurteilen-Mechanismus bedeuten, dass irgendwo auf dem Weg die Bedingungen des Geschenks unbemerkt verändert wurden? Wie groß ist denn deine Freiheit, wenn du beispielsweise während einer Hungerperiode geboren, im Stich gelassen und sexuell missbraucht wurdest und wenn du dann verständlicherweise den Rest deines Lebens damit zubringst, aus Hass und Wut selbst Böses zu tun, bis du schließlich im Alter von zweiunddreißig Jahren ermordet wirst? Und danach sollst du dann für alle Ewigkeit in der Hölle schmoren? Oder was wäre, wenn du auf ein gutes Leben zurückblicken könntest mit liebevollen Eltern und einer modernen Gesellschaft, aber wenn du trotzdem bei deiner Einkommenssteuer geschummelt und gelogen hättest, um deinem Kind einen Studienplatz in Harvard zu sichern, und dabei einem ehrlichen jungen Menschen mit ehrlichen Eltern diesen Platz vorenthalten hättest? Ewigliche Schläge mit dem glühend heißen Schürhaken? Und wenn du der erste Mensch in der Geschichte der Menschheit wärest, der niemals auch nur einen einzigen Fehler gemacht und keinem einzigen Menschen geschadet hätte, aber dennoch keinen Propheten als Erlöser akzeptiert und alle Religionen abgelehnt hätte? Asche aufs Haupt auch in diesem Fall?

Es ist widersprüchlich, kontraproduktiv und willkürlich, Menschen erst die Freiheit zu unbegrenztem Lernen zu geben und ihnen diese dann nicht nur plötzlich zu entziehen, sondern auch noch ein hartes Urteil über sie zu fällen, das unrevidierbar ist. Was wäre, wenn die meisten Menschen mehrere Anläufe bräuchten, mehrere Jahrzehnte oder Leben, bevor sie ein Gespür für Fairness und Gerechtigkeit entwickeln? Einfach nur Pech?

Was wäre, wenn Seele Nummer 19.428.939.045 die ersten neunzehn Leben versagt hätte, aber im zwanzigsten, wäre da nicht dieser große Wortbruch und die ewige Verdammnis gewesen, ihren Mitmenschen so tiefgreifendes Wohlwollen und so unumstößliche Freundlichkeit entgegengebracht hätte, dass die Menschheitsentwicklung eine andere Richtung eingeschlagen hätte und in ein goldenes

Zeitalter der Fürsorge und Liebe eingetreten wäre, wie wir es uns gegenwärtig nicht einmal vorzustellen vermögen? Oder wir könnten annehmen, dass die besagte Seele neunzehn Millionen Mal gebraucht hat, bis es ihr gelungen ist, die beschriebene Spur in der Geschichte zu hinterlassen. Was ist, wenn nun die ewige Glückseligkeit (was allerdings sehr viel Glück für sehr lange Zeit wäre) für jedermann immerwährend erreichbar ist? Mit einem Mal verwandeln sich neunzehn Millionen Mal in eine Kleinigkeit, die für so himmlischen Segen zu entrichten wäre. Gleiches gilt in Anbetracht der unvorstellbaren Reichweite der Ewigkeit für neunzehn Milliarden oder Trillionen oder Zillionen.

Die wunderbare Vorstellung von einem Gott, der die Menschheit derart liebt, dass er ihr die Freiheit schenkt, zerplatzt an dem Tag wie eine Seifenblase, an dem er sein Geschenk zurücknimmt – und das in Anbetracht der Möglichkeit, dass der Menschheit vielleicht eines Tages der Durchbruch gelungen wäre, was nun aber leider nie mehr geschehen kann.

Und dabei haben wir noch nicht einmal die bedeutendste aller Fragen gestellt, die innerhalb eines Sekundenbruchteils, in dem wir eine Antwort versuchen, die gesamte Vorstellung von Hölle und Teufel vernichtet:

»Warum?«

Warum würde eine so herausragende Intelligenz mit einer so sinnlosen Drillübung herumpfuschen und »Kinder« haben, nur um sie zu prüfen, zu richten und zu verurteilen? Die ganze Idee riecht nach der mangelnden Reife, Langeweile, Ungeduld, Wut, Verachtung, nach dem Sadismus und dem Versagen des Zeitalters, in dem sie ersonnen wurde – vor Hunderten von Jahren in einem sehr düsteren Kapitel der Menschheitsgeschichte. Fällt dir, wenn du dich auf diese Grundprinzipien stützt, auch nur ein Punkt ein, den du verbinden und dem du vertrauen könntest? Auch nur ein Grund, warum göttliche Intelligenz sich ausgerechnet in diese, statt in jene Richtung bewegen sollte, die wir zuvor gemeinsam abgeleitet haben und der zufolge ein jeder *von* Gott ist, sein Bestes tut, lernt und wächst und vorankommt? Und für immer und ewig, unversehrt und weiterhin abenteuerlustig aus einer Traumwelt zurückkehrt und seinen Beitrag leistet zu allem, was Gott ist?

Als ob Gott, der mit seinem Scharfsinn alles ins Rollen gebracht hat und wusste, wie er jeden einzelnen Stern in den Nachthimmel hängen muss und wie sich aus Energie Materie formen lässt, als ob dieser Gott nicht auch klug genug wäre, diejenigen wiedereinzugliedern, die der Wiedereingliederung bedürfen. Dieser Gott, der genügend Größe hat zu vergeben, noch bevor er darum gebeten wird. Der so sehr liebt, dass er gewiss auf Prüfungen, Richtersprüche und Strafen verzichtet. Der den Mut hat, die gesamte Verantwortung für die Schöpfung zu übernehmen. Und der so groß ist, dass ihm perfekter Erfolg gewiss ist. Es ist ja wohl das gegenwärtig aktive System (Gott), das all dies – und noch viel mehr – erreicht, das wiedereingliedert, vergibt und automatisch liebt, das genau zum richtigen Zeitpunkt in genau der richtigen Dosierung verteilt, was gerade benötigt wird. Wir mit unserem Forschergeist haben einfach noch nicht ausreichend geforscht oder – was es wohl eher trifft – haben die Sache denen überlassen, die ein bestimmtes Ziel vor Augen haben.

Die Wahrheit als Strafe

Stell dir einmal vor, dass du einen Freund nach dem anderen anrufst, weil du jemanden suchst, der dich in einem Monat zu einem ganz besonderen Konzert begleitet – nur um festzustellen, dass keiner von ihnen erreichbar, bereits anderweitig verabredet oder desinteressiert ist. Und dann stell dir vor, dass die erteilte Abfuhr in dir bittere Gefühle und Ärger auslöst und dich veranlasst, nun deinerseits unfreundlich zu diesen Freunden zu sein – nur um herauszufinden, dass sie für deinen Vorschlag unzugänglich waren, weil sie genau an diesem Wochenende eine Überraschungsgeburtstagsparty für dich geplant hatten. Ein schöner Flop!

Stell dir vor … dass du langsam ungeduldig und ärgerlich wirst, weil sich eine Kollegin, die du eigentlich sehr gern magst, auf irgendwelche Ränkespiele im Büro eingelassen hat, nur um zu erfahren, dass sie dich auf diese Weise vor den unfreundlichen Bemerkungen der Kollegen in Schutz nehmen wollte. Was für eine Pleite!

Stell dir vor … dass du dieses Leben unter anderem deshalb gewählt hast, weil du jemandem, den du sehr liebst und der weniger Lebenserfahrung hat als du, ein Führer sein willst. Doch so etwa in der Mitte deines Lebens fängst du an – da du dich nicht an deine ursprünglichen Intentionen erinnerst –, diesen Menschen genauer in Augenschein zu nehmen, und bemerkst seine Fehler. Die Person erweist sich als unordentlich, langsam und emotional unzugänglich, und du denkst, dass du von einer echten Freundin doch wohl noch etwas mehr erwarten darfst. Statt sie also anzuleiten und ihr Licht im Dunkeln zu sein, kritisierst du sie, vergleichst sie mit anderen und machst sie schlecht, bis du schließlich den Kontakt zu dieser Bekannten verlierst und damit die ursprünglich ersehnte Chance, einem geliebten Menschen zu Diensten zu sein. »Es tut mir ja wirklich furchtbar leid!«

Stell dir vor … dass du in einer Welt lebst, in der jeden Tag die Sonne scheint, in der die Tiere auf jedem Kontinent voller Freude miteinander spielen, in der Männer, Frauen und Kinder durch nichts als Liebe, Freundlichkeit und den Dienst am Nächsten motiviert werden. In einer Welt, in der der Fluss guter Gelegenheiten nie zum Stillstand kommt; in der du immer zur rechten Zeit am rechten Ort bist; in der grundsätzlich jeder stets sein Bestes gibt. In der sich deine Gedanken in Dinge verwandeln, deine Träume dir Flügel verleihen und in der jeder an jedem einzelnen Tag seines Lebens zu wahrhaftiger Größe veranlasst wird. Dennoch, in einem primitiven Kapitel der Geschichte haben die Menschen – und du mit ihnen – nichts von alledem bemerkt. Du warst, wie alle anderen auch, ausschließlich mit den Dramen deines familiären Umfelds, deines Freundeskreises und mit deinen Feinden beschäftigt, die es dir gemeinsam ermöglichten, dich immer nur mit dem Schiefgegangenen und dem Fehlenden zu beschäftigen. Wer hat dir im Angesicht des schreienden Gegenteils klargemacht, dass Gott zornig ist, Menschen bösartig sind und dass das Leben ungerecht ist? Dass Erfolg davon abhängt, wen du kennst, und nicht davon, was du kannst? Tja, die heutige Erde. »Noch einmal von vorne anfangen?«

Jede Lebenserfahrung bleibt für immer in dir bestehen, und zwar nicht in den engen Grenzen deines Gehirns, sondern außerhalb deines physischen Körpers als Bestandteil deines Wesenskerns. Und beim abschließenden Lebensrückblick nach deiner Heimkehr kommt alles noch einmal aufs Tablett. Alles ohne Ausnahme.

Bei einem solchen Lebensrückblick veranlasst dich Liebe, nicht nur die Motive und Grundsätze, die dich zu deinen Entscheidungen veranlasst haben, zu erkennen und zu verstehen, sondern auch die Auswirkungen, die diese Entscheidungen auf das Leben anderer hatten, zu betrachten. Du freust dich an deinen Triumphen und an deiner Ausdauer und feierst sie besonders, wenn du damit anderen Menschen weiterhelfen konntest. Folgerichtig leidest du vor allem dann unter deiner Verwirrung und deinen Missverständnissen, wenn durch sie andere Schaden nahmen. Letzteres bringt dich der Hölle am nächsten, doch wird dir nichts davon aufgezwungen, noch kommt dabei irgendein Teufel ins Spiel. Du allein hältst Gericht über dein Tun. Wie du sehr wohl weißt, könnte es einen strengeren Richter gar nicht geben. Du lernst also dazu und setzt deinen Weg fort, du bist in allem der Wahrheit nähergekommen, bist klüger, liebevoller und größer als zuvor, bist neuerlich bereit zu Großem.

Die Ewigkeit ist zu vielversprechend, und die Heilung bei Menschen erfolgt zu rasch, um beim Lernen der Lektion auch nur einen Augenblick mehr als erforderlich mit dem Blick zurück zu verbringen. Mögen dich deine Schuldgefühle lehren und nicht bestrafen. Und möge es den anderen mit ihren Schuldgefühlen ebenso ergehen, ganz egal wie ernst ihre Missverständnisse auch waren.

Und was ist mit den Opfern?

Und die wirklich großen Fragen? Was etwa ist mit dem Kind, das einem Mord zum Opfer fällt? Mit dem vergewaltigten jungen Mädchen? Dem Vater, der getötet wird, als er seine Familie beschützt? Ziehen wir nun bei jeder Tragödie das Opfer zur Verantwortung?

Als ob es auf jede Frage eine griffige Antwort gäbe, die in allen Belangen für Klarheit sorgt und jedermann mit Selbstvertrauen und Liebe erfüllt. Eine solche Antwort kann es nicht geben, doch gibt es *für jeden Einzelfall* konkrete, sinnvolle Antworten. Um diese Antworten zu finden, bedarf es jedoch eines erheblich umfassenderen Blicks auf die Wirklichkeit und auf das Leben. Dieser Blick beinhaltet auch die Kenntnis von deinem unsterblichen, göttlichen Wesen und von den Motivationen, die jenseits deiner während der Inkarnationen getroffenen Entscheidungen noch existieren mögen. Bis wir zu allen weiteren Informationen kommen, die dir die Toten mitteilen wollen, solltest du dich aber noch einmal mit den nachfolgenden Fragen befassen, auf die schon Antworten gefunden sind:

1. Haben wir nicht bereits gefolgert, dass alle Gott sind? Von Gott, durch Gott, reiner Gott? Juniorschöpfer? Im Angesicht der Ewigkeit, die vor uns liegt?

2. Haben wir nicht bereits erkannt, dass das Leben eine Illusion ist? Dass wir sie lediglich vorübergehend aufsuchen, um zu lernen und dort Abenteuer zu bestehen?

3. Kann irgendetwas, das im Rahmen der Illusionen geschieht, uns von unserer Quelle entfernen? Werden wir zu Monstern, nur weil wir uns im Spiegel selbst Grimassen schneiden? Kann man auf eine Fata Morgana dergestalt Einfluss nehmen, dass sie die Wüste verlässt?

4. Akzeptieren wir denn nicht bereits intuitiv, dass jede dunkle Wolke einen Silberrand hat? Und dass sein Fehlen nicht bedeutet, dass es ihn nicht gibt, sondern nur, dass wir vielleicht noch mehr lernen müssen?

Die angebotenen Antworten wollen die abscheulichen und oft widerwärtigen Übertretungen, die sich in Zeit und Raum ereignen, weder rechtfertigen, noch sind sie imstande, sie wiedergutzumachen; sie stellen sie lediglich in einen größeren Sinnzusammenhang. Es wird später noch Bezug genommen auf dieses sensible Thema. An dieser Stelle möchte ich dich fürs Erste nur darin unterstützen, mehr zu sehen, als deine Augen es dir bisher gestattet haben.

Krebs heilt

Nehmen wir als Beispiel die Krankheit Krebs. Der Krebs kann den Körper auf verheerende Weise heimsuchen. Doch statt ihn mit der Unmittelbarkeit eines Mikroskops zu untersuchen, wollen wir einen Schritt zurücktreten und die Krankheit als eine *Erfahrung* betrachten, die sich über Monate oder manchmal sogar Jahre auslebt. Manchmal, das erkennen wir, veranlasst sie ihr Opfer, seine Stärke zu finden, dem Leben mehr Wert zu verleihen oder kaputte Beziehungen zu kitten. Auf einmal sehen wir den Krebs in einem ganz anderen Licht – als Abenteuer der Heilung für Körper, Geist und Seele. Mit dieser veränderten Perspektive wird das Geschenk offenbar – ein Geschenk, das unter dem Mikroskop unsichtbar bleibt.

Zwar gibt es in der Welt viele Situationen, die aus der Nähe betrachtet viel zu entsetzlich sind, um sie auch noch in Worte zu fassen. Dennoch können wir einsehen, dass es auf einer höheren Ebene sehr wohl Gründe für sie gibt; dass sich ein Prozess entfaltet, der Anfang, Mitte und Ende aufweist; dass Ordnung herrscht. Und folglich müssen auch Heilung und Liebe im Spiel sein, wenngleich wir uns das in diesem Augenblick – oder auch in diesem Leben – kaum vorzustellen vermögen.

Welche Alternativen gäbe es, solche Ereignisse zu verstehen? Könnte der göttlichen Intelligenz ein Irrtum unterlaufen sein? Könnte es sich um einen Zufall handeln? Ist es denkbar, dass auf diesem Planeten der Ordnung, des Gleichgewichts und der Vollkommenheit sinnlose Dinge geschehen?

Nichts rechtfertigt das Entsetzliche in Zeit und Raum. Doch indem wir uns der Einsicht öffnen, dass es Gründe und Rhythmen gibt, auch wenn wir sie vielleicht noch nicht kennen, bleibt uns mehr Zeit, die eigenen Schöpfungen zu begreifen, in der Gegenwart zu leben und die Zukunft zu formen, anstatt die eigene Energie gänzlich und sinnlos in die Vergangenheit zu investieren. In diesem Licht, und ausschließlich aus dieser Perspektive, geschieht in Zeit und Raum nichts Böses. Alles leistet einen Beitrag und macht das Ganze größer.

Und das Karma?

Was meinst du, dass Karma bedeuten könnte? Ähnlich wie der Begriff »Gott« ist auch Karma vielfältigen Interpretationen unterworfen.

Grundsätzlich sei gesagt, und das ist unumstößlich: Es gibt keine Wertungsliste, kein Punktezeugnis oder dergleichen. Wenn es so etwas gäbe, dann würde es sich nämlich im Widerstreit mit dem einen Prinzip befinden, das jegliche Manifestationen reguliert: Gedanken werden Dinge.

Wäre Karma absolut, dann müsstest du beispielsweise, wenn du lügst, deinerseits belogen werden. Doch wie könntest du belogen werden, ohne zuvorderst Umstände zu erschaffen, die dies gestatten? Was wäre, wenn du unmittelbar nach deiner Lüge die Dummheit des Lügens begriffest und danach nur noch friedliche, aufrichtige und freudige Gedanken hervorbrächtest? Kannst du erkennen, dass du dann, aufgrund eines absoluten karmischen Gesetzes, dennoch belogen werden müsstest? Und dass damit die Prämisse »Gedanken werden Dinge« außer Kraft gesetzt würde? Das kann nicht geschehen, und folglich gilt: Niemand erfährt durch Karma irgendwelche Einschränkungen. Verändere dein Denken, und du befreist dich aus jedem derartigen »Schicksalsrad«.

Doch da sich die Weltsicht der meisten Menschen nur äußerst langsam verändert, kommt es auch nur sehr selten vor, dass sie spontan vom Lügner zum Heiligen werden. Es hat vielmehr oft den Anschein, dass sie in einer Welt leben, die nach dem Motto »Wie du mir, so ich dir« funktioniert – in der also das Verhalten der Vergangenheit vorauszubestimmen scheint, was in der Zukunft geschehen wird. Dort liegt der Ursprung des im Allgemeinen zutreffenden Sprichworts: Alles rächt sich irgendwann. Und damit ist die Feststellung gerechtfertigt, dass Karma in unserem Leben tatsächlich eine Rolle spielt, aber eben als Phänomen und nicht als Gesetz.

Doch alle Menschen, die hoffen, dass ihre Peiniger eines Tages dasselbe Leid erfahren werden, das ihnen selbst zugefügt wurde, können unverzagt sein. Die natürliche Mechanik der spirituellen Evolution und das Streben des Göttlichen, das auf dem Weg zum Wissen nichts unversucht lässt, sind so groß, dass niemand ihre Macht wirklich begreifen kann – es sei denn, er bekommt sie aus der Perspektive eines jeden zu spüren, der sie je zu spüren bekommen hat, und das schließt ihre Opfer mit ein. Und da es ein erwünschter Bestandteil eines jeden Reinkarnationszyklus ist, die eigene Macht zur Gänze kennenzulernen, werden die Täter den Schmerz der Opfer auf die gleiche unbeschönigte Weise kennenlernen wie sie – ob nun durch das Karma oder irgendeine selbstkultivierte Empathie, die sich aus wahrem Verstehen und Nachdenken entwickelt.

Wesen des Geistes

Religion braucht Spiritualität.

Spiritualität bedarf nicht der Religion.

Religion ist von Menschen geschaffen, fußt in Zeit und Illusion und hat einen ausschließenden Charakter. Ihr Ursprung ist natürlich edel und wohlmeinend, wie es vom Gott-Mensch-Gespann ja auch erwartet werden kann. Religion war ein Versuch, das Unerklärliche zu erklären, verbunden mit der Erkenntnis, dass das Leben mehr ist, als sich mit den physischen Sinnen wahrnehmen lässt. Und auch mehr, als man mit wissenschaftlichen Mitteln und Methoden herausfinden kann. Im Verlauf ihrer weiteren Entwicklung haben Einzelne auf der Basis der Religion immer umfassendere Schlüsse gezogen. Damit wollten sie zeigen, dass sie Gott näher kommen konnten als andere. Ihre Nähe zu Gott bewiesen diese Einzelnen vermeintlich, indem sie mehr Punkte miteinander verbanden als andere. Und die Massen, die sich bedroht und gedemütigt fühlten und zu sehr mit dem Überleben beschäftigt waren, übertrugen die Macht ihrer Selbstbestimmung auf diese Einzelnen.

Schließlich wurden im Namen der Religion Punkte erfunden, wo es gar keine gab. Indem sie diese Verbindungen als Grundlage nutzten, ersannen die Menschen Gesetze, Regeln, Rituale, Hierarchien, Strafen, Rechte und Privilegien für die Gläubigen (außer sie waren »schlecht«) und den völligen Ausschluss der Ungläubigen (auch wenn sie »gut« waren). Man gehört entweder dazu oder nicht. Man wird entweder gerettet oder nicht. Und eigentlich alles, was man im Namen der Religion tut, ist gut – lügen, sterben und töten inbegriffen.

Spiritualität bedeutet andererseits, mehr anzuerkennen als zu erklären. »Wir vertrauen auf Gott« ist solch eine Empfindung, die bewusst möglichst wenige Punkte miteinander verbindet. Sie ist zeitlos, braucht keine Illusionen, schließt jedermann ein und niemanden aus. Außerdem stellt sie Gott in eine Reihe mit den Menschen, statt einen Abstand einzufügen.

Da jeder ein Wesen des Geistes ist, kann er auch erkennen, welchen Wahnsinn und welches sinnlose Leid die Anhänger von Religionen anderen aufgebürdet haben; letztendlich ist diese Erkenntnis auch ein unausweichlicher Bestandteil deiner Lebensreise. Vielleicht keine ganz so rasche Reise, wie Menschen, denen Unrecht zugefügt wurde, es sich gewünscht hätten, und vielleicht noch nicht einmal eine Reise innerhalb des Lebens, in dem ihnen dieses Unrecht geschah. Doch zu ihrem Trost sei darauf hingewiesen, dass niemand seiner eigenen göttlichen Intelligenz, Macht und Verantwortung entkommen kann. Es gibt keinen anderen Weg zurück nach Hause als den, den du gekommen bist.

Und jedermann, da er ja ein göttliches Wesen des Geistes und der Liebe ist, hat die Fähigkeit, im Kern seines Herzens zu wissen, dass es so etwas wie die Hölle oder den Teufel nicht gibt.

Von einem geliebten Verstorbenen

Liebe Mama,
es tut mir leid. So furchtbar leid. Ich habe nur an mich gedacht.
Ich wollte mich zur Wehr setzen, ein Mann sein, der Welt bewei-
sen, dass sie sich mit dem Falschen anlegt. Außerdem wollte ich
dir und allen, denen ich etwas bedeute, wehtun, weil ich meinte,
dass es eure Zuwendung und Liebe waren, die mich zu einem
solchen Feigling und Schwächling gemacht haben. Ich gab dir
die Schuld, ohne zu wissen, was ich jetzt weiß.
Als ich den Abzug betätigte, glaubte ich, dem Schuss würden
Stille, Dunkelheit und schließlich Frieden folgen. Stattdessen
herrschte, wenigstens anfangs, das totale Chaos. Laute Geräu-
sche, Brummen, maschinenartiges Summen und dann noch
ein starkes Licht, ein Sausen, alles in Bewegung, im Flug und
schließlich meine schwindende Sicht und mein verwirrter Geist,
der Platz machte für warmherzige, freundliche Gesichter und
sanfte Stimmen. Ich hielt es für einen Traum oder einen seltsam
veränderten Bewusstseinszustand. Ich spürte so viel Liebe, dass
ich an dich denken musste. Es war so wunderschön. Ich war so
voller Freude. Ich wusste nicht einmal, dass ich gestorben war,
ja, ich dachte sogar »Gott sei Dank, ich habe es doch nicht durch-
gezogen«. Doch das stimmte nicht.
In einem einzigen Augenblick begriff ich so viel! Lauter Dinge, die
man mit Worten gar nicht beschreiben kann. Und auf einmal hatte
plötzlich alles Hand und Fuß. Es war so offensichtlich, vollkommen
und zutreffend! Ich wusste, warum ich mich entschieden hatte, ich
zu sein, wie wir alle zugestimmt hatten, uns in der Familie, die wir
waren, zu begegnen. Ich sah unsere vorhergehenden Verbindun-
gen, unsere selbstgewählten Stärken und Neigungen und vor al-
lem, dass wir alle wussten, welche Zukunft unsere Entscheidun-
gen wohl herbeiführen würden. Mir wurde klar, dass wir alle die
Richtungen kannten, die wir als Individuen und als Familie mögli-
cherweise einschlagen würden, die Gelegenheiten, die wir schaf-

fen und die Herausforderungen und Freuden, denen wir begegnen würden. Nichts war im Vorfeld festgelegt.

Das Schicksal spielt in keinem Leben eine Rolle, und doch war es so, als hätten wir die möglichen Folgen bereits im Vorfeld gewusst. Folgen in dem Sinne, welche Emotionen und Gefühle wir letztendlich zustande bringen würden – wie etwa Glück, Trauer, Frieden, Widerstand, Kreativität, Nachdenken; aber nicht in dem Sinne, wie wir dorthin gelangen oder was genau geschehen würde. Die Wies waren die Variablen. Zum ersten Mal in meinem Leben (ja, ich lebe noch!) bekomme ich »Unendlich«. Ich habe gesehen, wie jede getroffene Entscheidung Tangenten und Möglichkeiten erzeugt, die wiederum unvorhersehbare Weggabelungen, mehr Entscheidungen und mehr Tangenten und Möglichkeiten mit sich bringen.

Dann wurde mir gezeigt, wie ich anders mit den Schmerzen meines Lebens und mit meiner Isolation hätte umgehen können. Perspektiven, die ich hätte einnehmen, Entscheidungen, die ich hätte treffen, und Schritte, die ich hätte machen können. Ich erkannte, wie meine Herausforderungen die deinen ergänzten und wie wir einander viel mehr halfen, als wir es gedacht hätten. Mama, bitte vergib dir. Ich bitte dich. Es war mein Leben und meine Entscheidung.

Dich leiden zu sehen hat mir mehr wehgetan, als die Waffe es je hätte tun können. Außerdem schmerzen mich die sorgfältig erdachten Möglichkeiten, die ich hatte, die ich mir aber habe entgleiten lassen. Zu keinem Zeitpunkt war mir klar, wie nahe ich meinem Ziel gekommen war, wie schnell sich die Dinge zum Besseren hätten verändern können und wie viel »Magie« vorhanden war, auf die ich hätte bauen können. Ich glaubte, es sei nicht wichtig, ich glaubte, ich sei nicht wichtig, und ich wusste nicht, wie viele Menschen ich mit meiner Entscheidung verletzen würde. Ich lag so falsch.

Wie verzweifelt ich mir wünsche, ich könnte, was ich getan habe, ungeschehen machen! Und doch fühle ich mich durch alles, was ich hier empfinde, auch getröstet – immerhin so sehr, dass es mir Freude bereitet, meine Rückkehr zu planen. Ich werde eine weitere Chance bekommen und danach noch eine. Wir alle erhalten so viele Chancen, wie wir brauchen oder uns wünschen. Außerdem wurde mir gezeigt, Mama, dass du das durchmachen musst, was du durchmachst, und dass deine Entscheidung zu leiden deine Entscheidung ist und es so lange sein wird, bis du dich anders besinnst. Diese Weggabelung in deinem Leben ist ein Geschenk. Wir wussten immer, dass diese Weggabelung sich präsentieren würde, wenn ich so entscheiden würde, wie ich es getan habe. Du wusstest, es würde nicht leicht sein, aber du wusstest auch, dass du die Dinge mit großer Wahrscheinlichkeit so klar sehen würdest, wie ich sie jetzt beschreibe. Du wusstest – wir alle wussten –, dass ich möglicherweise eine solche Wahl treffen würde. Und wir stimmten zu, dass die Zeit, die wir miteinander verbringen würden, den Schmerz, den wir riskierten, wert war.

Weil du mich so sehr geliebt hast, konnte ich überhaupt erst die Entscheidungen treffen, die ich getroffen habe – auch die letzte; und ich konnte so viel lernen, wie ich gelernt habe. Es gibt keine Worte, um dir dafür zu danken, dass du so einen hohen Preis in der Währung der Liebe bezahlt hast, nur für mein Wachstum und zu meinem Ruhm. Aber du musst dir meinetwegen keine Sorgen mehr machen. Mir geht es gut. Ich wurde mit viel Liebe »zu Hause« willkommen geheißen. Ich werde verehrt. Wir alle werden verehrt, auch du. Alles, was du und ich miteinander geteilt haben, lebt jetzt bei mir in meinem Herzen.

Mama, wir haben noch immer die Ewigkeit. Auf uns warten mehr Abenteuer, als sogar ich mir von hier aus vorstellen kann.

Atme. Ruhe dich aus. Träume. Du hast deine Sache so gut gemacht. Es ist an der Zeit, wieder glücklich zu sein.

Ich liebe dich von ganzem Herzen!

Dein stolzer Sohn

Es funktioniert

Du lebst nicht, um geprüft, gerichtet und verurteilt zu werden. Du lebst, um in unendlichen Spiralen der Liebe zu wohnen und zu lernen. Alles ist auf diese großen Ziele hin ausgerichtet, und jede Entscheidung, die du während deines Lebens triffst, wird zum zentralen Studienmaterial für dein einzigartiges Wachstum und gereicht dir zur Ehre – bis hin zum Zeitpunkt und der Art deines Dahinscheidens.

Kapitel 3

Wir waren bereit

Wenn die Raupe als Schmetterling erwacht, der junge Spatz schließlich das Nest verlässt und das Baby seinen ersten Atemzug tut, dann werden drei Dinge bewirkt:

1. Erleichterung,
2. Freude und
3. Entfaltung.

Angesichts dieses nach anhaltendem physischen Ringen gewonnenen Dreiereffekts wird offensichtlich, dass es weder einen Weg zurück gibt noch das Bedürfnis danach. Und das Gleiche gilt auch für den vortrefflichsten aller Übergänge: den Wechsel vom Physischen ins Nichtphysische, in den Zustand also, den wir Tod nennen. Zwar sind alle Berichte über Nahtoderfahrungen absolut zutreffend, doch sind von diesem Phänomen immer Abenteurer betroffen, die sich in der seltenen Position befinden, sich dafür entscheiden zu dürfen, sofort ins Leben zurückzukehren als die Person, die derjenige zuletzt war. Sehr viel häufiger jedoch ergibt sich die Gelegenheit zum Übergang, wie zufällig, bizarr und aufgezwungen sie auch erscheinen mag, weil der Betroffene zweifelsfrei bereit war zu gehen.

In diesem Kapitel werden wir uns vor allem auf zwei Fragestellungen konzentrieren: Warum du hier bist und wann du bereit bist zu gehen. Außerdem interessieren wir uns für die Mechanik der Veränderung, also dafür, wie aus unseren Gedanken Dinge werden. Anhand aller drei Themen werden wir zum einen die Bestätigung dafür erhalten, dass die

Verstorbenen wussten, was sie taten, zum anderen, dass deine Zeit jetzt noch nicht gekommen ist.

Die Schule des Lebens

Das Abenteuer des Lebens ist jeden Zoll eine Schule des Lebens. Je mehr du lernst, desto mehr Spaß kannst du haben; je mehr Spaß du hast, desto mehr kannst du lernen.

Das Leben ist sowohl ein Wahlfach als auch ein erforderlicher Bestandteil des Lehrplans. Erforderlich ist er nur deshalb, weil du gerade einen Prozess durchläufst, für den du dich an früherer Stelle entschieden hast. Dieser Prozess kann aus einer beliebigen Anzahl von Inkarnationen bestehen, von denen eine jede unterschiedliche Erfahrungen im Angebot hat, die für gewöhnlich anhand der beteiligten Emotionen eingeordnet werden. Erst die Illusionen oder dein Glaube an sie machen deine Emotionen möglich. Alle Emotionen sind auf die Illusionen zurückzuführen und können ohne sie nicht verstanden werden. Um diese Aussage ins rechte Licht zu setzen: Gott, wenn du so willst, würde ohne dich nicht wissen, wie es ist, sich glücklich oder traurig, ärgerlich oder wütend, deprimiert oder einsam, schockiert oder gelangweilt zu fühlen. Verstehst du? Du bist von Gott, bist nur ein winziges manifestiertes Fragment im Kreis von Gottes zahllosen Manifestationen, in denen du schwelgen sollst und entscheiden, was du magst und was nicht, und lernen, wie du sie formen, verändern und neuerlich bewegen kannst. Nichts von all diesem Entdecken und Erforschen wäre ohne dich und deine Amnesie möglich. Folglich zielt jedes Leben einfach darauf ab, *zu sein*, und das heißt, deine Entscheidungen anhand der von ihnen ausgelösten Gefühle zu spüren. Als junge (unerfahrene) Seele wirst du dich damit immer unwohl fühlen, da dich deine Emotionen so lange verletzen und behindern können, bis du begreifst, dass du ihre Quelle und damit auch ihr Herr bist.

Die Unannehmlichkeiten zu Beginn deiner Lernkurve hast du erwartet und bei deinen Entscheidungen in Betracht gezogen; sie waren Bestandteil des Gesamtpakets. Das heißt, alles ist gut, und du befindest dich genau dort, wo du sein sollst, genau dort, wo du entschieden hast zu sein. Es bedeutet nicht, dass mit dir etwas nicht stimmt. Es bedeutet auch nicht, dass deine gegenwärtigen Unannehmlichkeiten dir das Leben schwermachen oder dass du diese Unannehmlichkeiten für alle Zeiten haben wirst. Von dir wird nicht verlangt, dass du aushältst, was du als unangenehm empfindest; von dir wird erwartet, dass du es veränderst! Deshalb spürst du das Unangenehme. Jedes schmerzhafte Zucken und jede Unpässlichkeit laden dich ein aufzuwachen, drängen dich, nach umfassenderen Wahrheiten zu suchen, die dir eine umfassendere Wirklichkeit und ein großartigeres Selbst offenbaren, die sich deiner bewussten Wahrnehmung deiner wahren Stellung als Schöpfer der Wirklichkeit immer weiter annähern.

Schöpfungsglaube und Evolution

Keine Frage, wenn es eine Intelligenz im Universum gibt, der Sonne, Mond und Sterne unterliegen, dann sprechen wir von Schöpfungsglauben. Aber schau, wenn es nur die

Evolution gäbe und der Mensch vom Affen abstammte, wieso gibt es dann immer noch Affen? Außerdem würde eine rein auf der Evolution basierende Entstehungsgeschichte bedeuten, dass alles Leben seinen Ursprung in der Amöbe hätte – Gänseblümchen, Insekten, Laubfrösche, Giraffen und du! Doch es finden sich nicht die geringsten Skelettreste, die den langsamen Übergang von der Amöbe zu jeder einzelnen uns heute bekannten Spezies zeigen. Evolutionäre Skelettreste belegen lediglich *winzigste* strukturelle Mutationen und keine vollständigen Mutationen von der Amöbe zum Elefanten. Aber nehmen wir einmal an, all diese entwickelten Spezies passen innerhalb des Ökosystems in Nahrungsketten, die sich selbst ergänzen und bedingen? Was für eine unglaubliche Geschichte! Und außerdem: Wieso gibt es Amöben noch immer?

Wenn man die physischen Artefakte und Skelettüberreste betrachtet, die überall auf der Welt zu finden sind, dann ist es ebenso offensichtlich, dass die Evolution einer jeden Spezies *auch* ein Werkzeug der Verfeinerung und Verbesserung ist. Erst kam die Schöpfung und dann die Evolution, und immer noch sind beide in jedem Augenblick aktiv, in dem Illusionen erschaffen, erneuert und in den Raum projiziert werden. Mit der Fata Morgana in einer Wüste verhält es sich genauso; sie ist eine aktive, bewegliche Erscheinung, die in jedem Augenblick ihrer Existenz von der Wüste als ihrer Quelle abhängt. Doch die Erscheinungen von Zeit, Raum und Materie, die dir begegnen, nehmen außerdem Eigenschaften an und unterwerfen sich physikalischen Gesetzen und vergrößern so ihre Glaubwürdigkeit als eine Wirklichkeit unabhängig von dir selbst (demnächst noch mehr über die Notwendigkeit von Glaubwürdigkeit).

Außerdem sind die physikalischen Quarks, Moleküle und Zellen, die deine Erscheinungen ausmachen, mehr als reflektierter Nebel; sie sind von Gott, reiner Gott. Sie sind Funken göttlicher Intelligenz, noch nicht ausgerüstet mit Persönlichkeit, jedoch immerhin ausgestattet mit Eigenschaften, Merkmalen und Attributen. So sind alle physischen Objekte beschaffen, auch als kollektive Bestandteile eines lebenden Organismus wie etwa einer Ameise, eines Baumes oder eines Planeten. Sie funktionieren als eine Einheit, sind kodiert, um ein geschlossenes Ganzes zu bilden – wie auch das Ganze kodiert ist, um seinen Beitrag zum größeren Mosaik des Lebens zu leisten, wie du es kennst. Anders als bei einem Computer ist allerdings jede Komponente lebendig und ausgestattet mit einer ganz eigenen Art von Intention und Sinn, was auch für die größeren Schöpfungseinheiten gilt, die zu formen sie ihren Beitrag leisten. Das bedeutet, dass die Zellen in einem Affen alle unabhängig voneinander arbeiten, jedoch mit der Intention, den Affen zu ermöglichen. Und der Affe, der, ohne sich dessen bewusst zu sein, auf der Basis seines Zellbewusstseins agiert, hat sein eigenes Bewusstsein, seine eigenen Eigenschaften, Charakterzüge, Intentionen und Ziele. Gleiches gilt für seine Horde, seine Spezies, sein Habitat, seinen Planeten. Der eine wohnt im anderen wie diese russischen Puppen, die ineinanderstecken. Jede größere Schöpfung ist mehr als die Summe ihrer Teile und doch zutiefst von ihnen abhängig.

So kommt es, dass deine Erscheinungen von Gott projiziert, unterstützt und aufrechterhalten werden und dass Gott erst durch sie lebendig, noch größer und zu einer Symphonie der Kreativität wird. Und das Sahnehäubchen ... bist du! Die Menschheit und die anderen Spezies im Universum sind nicht nur lebendig, sondern die Mitschöpfer der gemeinsamen Erfahrungen, die deine persönlichen Erfahrungen überhaupt erst ermöglichen. Einschränkungen bestehen lediglich durch Grundparameter

wie Schwerkraft, Verhalten der Moleküle und Vibrations-
frequenzen, auf die sich das Kollektiv vor langer Zeit geei-
nigt hat und die es dir gestatten, in deinen spezifischen
Sphären zu spielen, während alles andere praktisch keinerlei Einschränkung erfährt.

Das Gesamtbild im Auge behalten

Schöpfungsglauben und Evolution schließen einander
nicht aus. Die spirituelle Evolution der Menschheit von
der vollständigen Amnesie zur Erleuchtung ist sozusagen
eine Art Zielsetzung und kommt gut voran. Doch wenn du
die angestrebte Entfernung zwischen dem einen und dem
anderen zurücklegen willst, musst du sozusagen als Baby
anfangen, bist in emotionaler wie in physischer Hinsicht
allein, voller Angst, im Dunkeln und erschaffst oder zer-
störst nach dem Zufallsprinzip so lange, bis du deine Macht
erkennst und zu nutzen lernst. Anfangs ist die zum Abenteuer gehörige Lernkurve gezeichnet von Enttäuschungen
und Kummer. Doch die auf dem Weg erworbene Weisheit
macht später all das Wunderbare und Herzerwärmende
möglich, das schließlich in deiner Erleuchtung gipfelt. Zeit
und Raum sind deine Universität, prall gefüllt mit Lern-
stoff im besten Sinne: mit Erleichterung, Freude und Entfaltung, mit Abenteuer und Entdeckung, mit Freunden
und Lachen, mit Gesundheit und Harmonie. Dein gegenwärtiges Leben ist nichts als eine Schulstunde. Eine wunderbare, eigenständige Schulstunde, die weitere Inkarnationen für dich noch gewinnbringender gestalten wird.
Und auch wenn uns der Stoff gelegentlich verwirrend und

unangenehm erscheint, so haben wir dieses Leben dennoch selbst gewählt, und es vermag unsere Bedürfnisse zu erfüllen und unsere Träume wahr zu machen. Außerdem kann es sein, dass du bereits vieles hast, woran du dich erfreust und das du zu schätzen weißt.

Wenn du dir vornähmst, ein exemplarisches Leben zu untersuchen – in der heutigen Zeit, in dieser frühen Phase unseres Zivilisationsabenteuers, aus dem Zusammenhang gerissen, ohne eine Vorstellung, wohin alles führen soll, ohne die Harmonie, die Herrlichkeit, das Zusammenwirken, die Gesundheit, die Entdeckungen und Errungenschaften zu erkennen, die du mit deinem Leben und deiner Generation letztendlich zukünftigen Generationen ermöglichen hilfst –, dann würdest du vermutlich zu Recht zu dem Ergebnis kommen, dass sich für viele das Leben nicht lohnt. Eine solche Schlussfolgerung wäre allerdings verfrüht.

Selbstmord

Jedes einzelne Leben wird aus vielen verschiedenen Gründen gewählt. Genauso verhält es sich mit der Entscheidung, sich überhaupt erst auf eine Abfolge von Inkarnationen einzulassen. Ein Leben in physischer Hinsicht zu beenden nimmt keinen Einfluss auf die vorangehende grundlegende Entscheidung, durch Inkarnationen lernen zu wollen.

Junge Seelen (nicht zu verwechseln mit jungen Menschen), die sich für einen physischen Selbstmord entscheiden, erkennen diesen Zusammenhang rasch. Zwar steht es ihnen tatsächlich frei, die »Schulstunde« zu beenden, indem sie ihrem Leben physisch ein Ende setzen, doch wird ihnen schon bald klar, dass sie sich noch immer in der Schule befinden. Sie sind immer noch genauso lebendig, genauso sie selbst, lediglich in einer Nach-Tod-Variante der Illusionen, die jetzt zwar erheblich dehnbarer, aber nicht minder bindend sind. Noch immer gibt es keinen anderen Ausgang als den, durch den du hineingegangen bist; alle Lügen müssen ihren Zweck erfüllt haben, verstanden und durchschaut sein. Und im Gegensatz zu denen, die ihre Inkarnationen auf natürliche Weise vollenden und deshalb unmittelbar erkennen, dass weitere Studien und Abenteuer auf sie warten, müssen Selbstmörder die Schulstunde in einer neuen Inkarnation wiederholen, um sich den Herausforderungen zu stellen, denen sie in der vorangegangenen ausweichen wollten. Auf diese Weise befinden sie sich in Übereinstimmung mit dem Plan, den sie selbst gewählt haben; genau so wollten sie es, als sie sich auf dem Höhepunkt ihrer Brillanz aus einer unendlichen Zahl von Möglichkeiten für diese Welten und Dimensionen entschieden haben.

Ein Selbstmord taugt also nicht, um sich vor irgendwelchen Problemen zu drücken. Es ist in äußerst seltenen Ausnahmen allerdings möglich, sich durch einen Selbstmord unerträglichen Schmerzen oder Krankheiten zu entziehen. Wenngleich auch solche Zusammenhänge nicht zufällig entstanden und ihren Nutzen haben. Im besten Fall werden Probleme durch einen Selbstmord vorübergehend aufgeschoben, doch dies geschieht um den Preis gebrochener Versprechen, der Verzweiflung der Zurückgebliebenen und der verpassten Gelegenheiten, die zum Tragen gekommen wären, wenn der Selbstmörder sich der Herausforderung gestellt hätte.

Wenn der Zeitpunkt zum Sterben noch nicht gekommen ist

Stell dir das Leben als große themenbezogene Attraktion vor: die Sphären von Zeit und Raum. Es gibt darin verschiedene Parks mit unterschiedlichen Attraktionen, ein jeder mit seinem eigenen Thema und seinen besonderen exotischen Karussells, mit seinen Shows und vielseitigen Unterhaltungsangeboten – manche gruselig, aufregend oder lustig, andere romantisch oder lehrreich, wieder andere einfach oder abgedreht. Jede Karussellfahrt von den Tausenden und Abertausenden, aus denen du auswählen kannst, wird spontan auf deine Bedürfnisse zugeschnitten. Die übrigen Teilnehmer suchen vergleichbare Abenteuer. Jede Fahrt dauert in der Regel zwischen wenigen Augenblicken bis hin zu vielleicht hundert Jahren, enthält unendlich viele Abzweigungen, verlangt, Entscheidungen zu treffen, aus Träumen auszuwählen, Lektionen zu lernen und zu lieben.

Verstanden? Die themenbezogene Attraktion ist wie ein eigenständiger Planet. Jeder Park ist wie ein eigenes Areal, eine eigene Nation, Kultur oder Mentalität, aus denen man wählen kann. Mit der Zeit wirst du vermutlich viele Fahrten (Leben) daraus auswählen.

Die Entscheidung, in eine Attraktion einzutreten, ist bedeutend. Gigantisch. Sie wird erst nach umfassendem und gründlichem Studium und entsprechender Vorbereitung getroffen – unterstützt von den besten Freunden, beraten von den klügsten Führern – mit der eindeutigen Intention, alles auszukosten, was diese Attraktion zu bieten hat. Du wirst nie gezwungen, irgendwann heimzugehen; manche tun es nie. Doch wenn du es tust, dann erst, nachdem du das volle Programm erhalten hast.

Sobald du eingetreten bist, werden deinem ursprünglichen Entschluss viele weitere kleinere Entscheidungen folgen, die ihren eigenen Spaß und ihr Lernpotenzial mit sich bringen. Wenn sie sich schließlich zu einem Gesamtbild zusammenfügen, ist das Ziel erreicht: Du hast deinen »Park« in aller Gründlichkeit durchstreift. Wirklich wichtig ist dabei, dass du deine Entscheidung für das vollständige Programm außerhalb von Zeit und Raum triffst. Aus dieser Perspektive sind das Eintreten in und das Verlassen des Lebens eins. Nichts dabei. *Zack-bumm* – und in einem Wimpernschlag hast du Tausende von Leben geführt und bist erpicht auf noch weitere. Doch von deiner gegenwärtigen Perspektive, also aus deinem gegenwärtigen Leben betrachtet, wird Bewusstsein durch Zeit und Raum definiert und durch beides bestimmt, und zwar so lange, bis du wirklich erkennst, dass beides nur Illusion ist. Aber wirklich lernen kannst du dies nur, wenn du *in* der Illusion lebst und sie zumindest in dem Ausmaß zu beherrschen lernst, dass du glücklich und zufrieden bist.

Überlege dir einmal Folgendes: Eines deiner Mini-Ichs hat eine Pechsträhne und will aussteigen. »Halt! Ich hasse mein Leben! Es war eine bekloppte Idee! Ich will nicht mehr leben!« Rein theoretisch kannst du also durch Selbstmord deinem Abenteuer samt der Pechsträhne Einhalt gebieten. Plötzlich findest du dich jedoch vor dem Karussell wieder und siehst zu, wie andere Leute weiterhin ein- und aussteigen. Zwar hast du deine Fahrt angehalten, doch das Karussell dreht sich auch ohne dich weiter. Und was schlimmer ist: Du hast dich noch nicht weit genug entwickelt, um diese Fahrt wirklich absolviert zu haben. Die erforderliche Entwicklung verlangt von dir, die Fahrt auch wirklich zu unternehmen, denn genau das war ja Bestandteil der atemberaubenden, gigantischen Entscheidung, die du zuvor getroffen hast.

Was nun?

Mit Hilfe der liebevollen Anleitung – auch Coaching genannt – durch äußerst erfahrene Karussellfahrer und Fachleute entscheidest du dich, diese (oder eine ähnliche) Fahrt noch einmal zu wagen, damit du lernend deinen Weg durch deine selbstangezettelte Verwirrung schaffst.

Zeit zu sterben

Ein Leben endet auf natürliche Weise, wenn der Abenteurer entweder erreicht hat, was zu erreichen er gekommen war, oder wenn er es nicht mehr erreichen kann und es keine anderen erreichbaren Ziele für ihn gibt. Doch das Wissen um das Zutreffen dieser Kriterien ist fast nie bewusst, und zu behaupten, dass du fertig bist, bedeutet fast nie, dass du es auch wirklich geschafft hast. »Ich habe erreicht, was ich erreichen wollte. Außerdem sind alle, die mir wichtig waren, bereits gestorben, und ich bin von Idioten umgeben.« Solche Kommentare offenbaren sehr deutlich, dass es sehr wohl noch etwas zu lernen gibt.

Wenn ein Leben auf natürliche Weise zu Ende geht, dann hängt die Entscheidung (auch hier gilt, dass sie nicht bewusst getroffen wird) von Wahrscheinlichkeiten ab: von den wahrscheinlichen Flugbahnen aller durch den Übergang beeinflussten Leben und von dem Gewinn, den Bleiben oder Gehen verursacht. Manchmal ist es auch wichtig, den Einfluss durch dein Gehen oder Bleiben auf die möglichen Flugbahnen der Gemeinschaft, des Staates oder der Welt zu berücksichtigen, und zwar vor allem dann, wenn du eine einflussreiche Persönlichkeit in einer Führungsposition bist.

Um zu verstehen, was »wahrscheinlich« bedeutet, ohne irgendwelche Möglichkeiten auszuschließen oder irgendetwas vorher festzulegen oder vorzubestimmen, betrachten wir eine viel schmalere Bandbreite wahrscheinlicher individueller und kollektiver Zukünfte. Wahrscheinliche Zukünfte bezeichnet, was sich unter Berücksichtigung der sich entwickelnden Gedanken, Überzeugungen und Erwartungen voraussichtlich als Nächstes in der Entwicklung hin zu diesem Augenblick ereignen wird. Je mehr Erwartung und Unvermeidlichkeit einer Zukunft anhaftet, desto größer ist die Aussicht, dass sie auch eintrifft. Der freie Wille ist natürlich das oberste Gebot, doch selbstverständlich muss sich jedes Individuum im Rahmen der Wahrscheinlichkeitsbandbreite des Kollektivs bewegen.

Innerhalb dieser Bandbreite haben auch die Wahrscheinlichkeiten jedes Einzelnen ihren Platz. Folglich ist es zwar möglich, dass die Gruppe das Individuum einschränkt, aber:

1. Wenn ein Individuum eine ausreichend große Vision hat, dann kann es auf diesem Weg Veränderungen in der Gruppe herbeiführen.
2. Welche Einschränkungen das Kollektiv dem Individuum auch auferlegt, das Individuum hat auf der Suche nach Glück und Erfüllung dennoch immer unendlich viele Wahlmöglichkeiten.
3. Jedes Individuum kennt genau die Einschränkungen, die ihm die Zugehörigkeit zu der Gruppe, für die es sich entschieden hat, auferlegt. Es hat sich nur deshalb zum Mitmachen entschlossen, weil es für dieses Individuum trotz dieser Einschränkungen außerordentlich überzeugende Gründe gab.

Die voraussichtlichen Wahrscheinlichkeiten in Kombination mit den von den Eltern, der Zeit und dem Kollektiv vorgegebenen Wahrscheinlichkeiten führen zu der Entscheidung für ein Leben. Und so, wie sich dein Leben Augenblick um Augenblick entfaltet, so geschieht es auch mit deinen wahrscheinlichen Zukünften und den Aussichten, das zu erreichen, was zu erreichen du ausgezogen bist. Selbstverständlich wachsen deine Bestrebungen immer mit dir mit, und erreichte Ziele ziehen immer neue Zielsetzungen nach sich. Und auch diese wahrscheinlichen Flugbahnen spielen, soweit sie vorhersehbar sind, bei der Entscheidung für ein Leben eine Rolle.

In manchem Leben wird viel mehr erreicht, als zuvor angestrebt wurde. In anderen lösen sich wichtige Wahrscheinlichkeiten plötzlich in Luft auf, wenn sich das Kollektiv im engeren oder weiteren Sinne oder wenn sich das Individuum selbst verändert. Und es ist der Zustand solcher gegenwärtigen, nahen und fernen Wahrscheinlichkeiten als der Funktion angestrebter Lebensziele, der über den Zeitpunkt des Sterbens entscheidet.

Deine Welt erschaffen

Für das physische Auge ist der Tod etwas Zufälliges. Für das spirituelle Auge hingegen scheint er gottgewollt. Doch beiden Perspektiven fehlt das Einverständnis in der Gleichung, und von Selbstbestimmung ist erst gar nicht die Rede. Dennoch besteht kein Zweifel, dass Einverständnis, freier Wille und Wahlfreiheit wirklich existieren – dein Auftritt, erinnerst du dich? Und somit lauten die Fragen folgendermaßen: Wie kann man gleichzeitig in Amnesie gehüllt sein und die Kontrolle haben? Die Dunkelheit erfahren, wenn man zugleich das Licht in Händen hält? Mit jeder Faser leben, wenn man zugleich entscheidet, wann es Zeit zu sterben ist?

Die Herausforderung bei diesen Fragen besteht in der Tatsache, dass sie in Vermutungen wurzeln, die aus der göttlichen Dichotomie hervorgegangen sind: dass man entweder weiß oder nicht weiß; dass es entweder dunkel oder hell ist; dass Leben nicht Sterben beinhalten kann – als ob der Tod nicht die Vollendung eines jeden Lebens wäre.

Hier nun ein Vorschlag zur Güte: Stell dir vor, dass du als Gott vergessen möchtest, wer du bist, nur um es noch einmal neu entdecken zu können. Warum? Weil es möglich ist, weil es Spaß macht, weshalb auch immer – das spielt jetzt keine Rolle. Denke daran: Wenn du die Dinge durchdringen willst, dann verbinde nicht zu viele Punkte miteinander, sondern so wenige wie nur möglich; die simpelsten Entscheidungen sind für gewöhnlich die besten. Nun, um zu vergessen, wer du bist, musst du einen Schritt aus der Schöpfung hinaustun, deren Teil du bist, damit du von dort auf dich blicken kannst, ohne jedoch zu wissen, dass du es bist!

Dies kann nur gelingen, wenn Folgendes auf dein neues »Zuhause« zutrifft:

1. Es muss so aussehen, als sei es nahtlos, vollständig und überzeugend und außerdem unabhängig von dir. (Und das, obwohl es ganz und gar von dir abhängt. Erinnere dich: Es ist du.)
   Das physische Universum dehnt sich ins Unermessliche aus und ist völlig abhängig von allen möglichen physikalischen Gesetzen und Eigenschaften – Häkchen!

2. Es muss lebendig, automatisch gesteuert und sich selbst genug sein.
   Amöben, lebendige Ozeane, Fotosynthese, Plattentektonik – Häkchen!
3. Es muss dich einschließen, auch wenn du scheinbar und überzeugend getrennt von ihm bist.
   Physischer Körper – Häkchen!
4. Du musst irgendeine tiefere, zugrundeliegende kreative Verbindung zu ihm beibehalten, damit du dein Ziel – die Wiederentdeckung und Erweiterung deiner Herrlichkeit – erreichen kannst.
   Das metaphysische Gesetz der Natur (das die Verbindung zwischen dem Sichtbaren und dem Unsichtbaren, zwischen dem Schöpfer – dir – und deiner Schöpfung steuert) – Häkchen!

Den metaphysischen Gesetzen gemäß muss alles, was in der physischen Welt erschaffen wird, in der unsichtbaren Welt zunächst in Form von Gedanken vorhanden sein: *in deinen Gedanken*. Deine Gedanken werden dann zu den Dingen, Umständen und Ereignissen deines Lebens. Dies geschieht jedoch nicht spontan – dann wären die Gesetze der Physik, die dafür sorgen, dass alles ordnungsgemäß arbeitet, mit einem Schlag null und nichtig –, sondern nach und nach. Langsam. Stufenweise. Im Wesentlichen in Übereinstimmung mit den physischen Gesetzen.

Statt irgendetwas spontan zu manifestieren – etwa eine Goldmünze, die sich mit einem Mal in deiner Hand befindet –, ziehst du eine Goldmünze an, die irgendwo an einem anderen Ort bereits existiert. Vielleicht eine Münze, die dir von einem Händler, Bekannten, Wohltäter, Partner oder Freund gegeben wird, von einem Menschen also, der in Anbetracht deines Lebens mit all seinen Möglichkeiten und Flugbahnen wie auch des seinen schon in der Spur gewartet hat. Sich eine Goldmünze zu wünschen und sich ihr Bild vor dem inneren Auge vorzustellen, setzt eine Symphonie von Ereignissen in Gang, an der ein ganzes Orchester von Beteiligten mitwirkt; und es verlangt eine Choreographie von derart verblüffender Präzision, dass man all dies bestenfalls *nachträglich* wertschätzen kann, wenn der Prozess zum Abschluss gekommen ist und man die Münze in den Händen hält. So verlangt es das Gesetz der Anziehung.

Wie Gedanken Dinge werden

Dieser Prozess, der die Glaubwürdigkeit deiner Wirklichkeit aufrechterhält und zugleich spiegelt, womit du deine Wirklichkeit in energetischer Hinsicht fütterst, dieser Prozess ist es, den du – Gott – selbst in Gang gesetzt hast, um eine Basis für deine dramatische und emotionale Selbstentdeckung zu erlangen. Im Rahmen dieses Prozesses wird dir jeder einzelne Augenblick deines Lebens offenbart. Dein Leben ist deine Projektion, die den Gesetzen dieses Prozesses folgt, damit du deine Ziele erreichen kannst.

Anfangs erscheinen uns diese Zusammenhänge überwältigend. Aber sind sie nicht sinnvoller als der Satz: »Gottes Wege sind unergründlich«? Die Logistik des Prozesses ist für das winzige menschliche Gehirn natürlich nicht nachvollziehbar. Um eine derartige Choreographie zuwege zu bringen, müssen alle planetaren Ereignisse und Umstände hinter dem Vorhang von Zeit und Raum im Unsichtbaren orchestriert, dabei die Gedanken, Ziele und Wünsche von mehr als sieben Milliarden Menschen in Betracht gezogen und dann in eine mutmaßlich einzelne Zeitschiene gelenkt werden, auf der für jeden ein entsprechendes Gegenstück zu seinen Gefühlen realisiert wird. Und in jeder Sekunde, Tag für Tag, geht das Rechnen wieder von vorne los.

So etwas kann sich kein Mensch ausdenken!

Außerdem ist es kaum möglich, das tatsächliche Funktionieren der Manifestation mit dem Intellekt tiefer zu erfassen. Allerdings kann man die Beweise dafür im eigenen Leben erkennen, wenn man sich die scheinbar frappierende Ähnlichkeit zwischen der eigenen Weltsicht und dem physischen Geschehen vor Augen führt und darauf achtet, was zuerst da war. Du weißt vielleicht nicht genau, wie ein Fernseher funktioniert oder was geschieht, wenn du auf die Knöpfe der Fernbedienung drückst. Dennoch weißt du, dass das Gerät ordnungsgemäß arbeitet und dass du die Kommandos erteilst. Genauso verhält es sich auch mit dem Prozess »Gedanken werden Dinge«.

Wenn du dich in Gedanken mit einer Vision beschäftigst – einer materiellen oder immateriellen, einem Auto oder Selbstvertrauen beispielsweise –, dann richten sich die Umstände langsam entsprechend darauf aus. Mitspieler beziehungsweise Partner treten auf den Plan, und deine Vision verlagert sich in deine Erfahrungswelt. Wie durch Zauberei, nur dass es eben in Erfüllung eines universellen Gesetzes geschieht. So werden aus Gedanken Dinge.

Der Zusammenfluss deines Denkens, Mutmaßens und Erwartens verleiht deinem Leben und Sterben Form. Und genauso wie eine Goldmünze an deinem Horizont auftauchen kann, so kann dies auch mit allem anderen passieren, womit du dich in Gedanken beschäftigst – mit neuen Beziehungen, einer Beförderung, einem Standortwechsel, Abenteuern und mehr. Manches davon wird rascher zutage treten als anderes, wieder anderes wird sich gar nicht manifestieren; und dann wird es natürlich auch Überraschungen geben, deren Logistik und Choreographie den menschlichen, aber eben nicht den göttlichen Geist überfordern.

Als Sterblicher kannst du nicht wissen, wann die erträumte Goldmünze in deine Hände gleiten wird. Und das Gleiche gilt auch für den Zeitpunkt des Todes. Doch wenn der Tod an deine Tür klopft, egal in welcher Gestalt, tut er es nicht zufällig, sondern so, wie er erdacht wurde von dir, der du die Grenzen überschreitest, weil du bereit warst, der Zeitpunkt richtig und die Choreographie göttlich gesteuert war.

Zurückgebliebene

Alle Manifestationen, Wendungen und Attraktionen ziehen selbstverständlich die Zurückgebliebenen mit in Betracht: geliebte Menschen und Zeugen. Natürlich niemals so, wie die Zurückgebliebenen selbst es bewusst wählen würden. Dennoch ist jeder, der einen geliebten Menschen verliert, auf gleiche Weise vorbereitet. Es gibt keine Unfälle. Die Art und Weise des Sterbens wird als Möglichkeit betrachtet, die alles andere, was aus der Beziehung gezogen wurde, wert ist. Es ist besser, geliebt und verloren zu haben, als gar nicht geliebt zu haben – zumal ja in Wahrheit gar nichts verloren wird. Das Sterben des geliebten Menschen war nicht zementiert, sondern eine Möglichkeit von vielen. Eventuell war der Schmerz für die Zurückgebliebenen die Hölle, und für die Trauernden ist die Geschichte am wenigsten wünschenswert ausgegangen, doch sie alle waren bereit …

- das Leben unter neuen Bedingungen fortzusetzen,
- die Latte höher zu legen, wenn es um das Verstehen der Geheimnisse des Lebens geht,
- die Illusionen als solche zu erkennen und
- zu erfahren, dass das Leben wirklich wunderbar, planmäßig und voller Liebe ist.

Wer meint, der Verlust eines geliebten Menschen sei ein Unglück, käme zur Unzeit, sei traurig oder Zufall, dem entgeht das Geschenk, und er verharrt in der Dunkelheit. Er leugnet die Vollkommenheit und Planmäßigkeit, die ansonsten in so reichem Maß in jedem Leben – auch an seinem Ende – offensichtlich sind.

Von einem geliebten Verstorbenen

Hallo Papa!
Hier ist Kaley!!! Mir geht es gut! Ich bin da! Und ich hab dich lieb!
Das mit deinem Auto tut mir leid. Ich weiß, du vermisst mich, und das mit dem Zug war echt uncool …
Papa, du hast mir doch gesagt, dass nichts ohne Grund geschieht. Also, das mit dem Zug kann ich nicht erklären, aber ich kann erklären, dass ich hier bin.
Ich habe genau das bekommen, weswegen ich hergekommen bin: um zu spüren, dass ich so geliebt werde, wie ich bin. Ich musste meine Existenz nie rechtfertigen – das verdanke ich dir!
Mama brauchte das Fundament, das einem nur ein Verlust, an den man glaubt, geben kann. Und du … wenn ich nicht gestorben wäre, dann wärst du es.
Ich weiß, du hättest mit mir den Platz getauscht, aber so geht das eben nicht. Dadurch wäre nichts gewonnen.
Du hast gebetet, nicht wahr? Oft. Jeden Tag.

Vorher hast du nie gebetet, stimmt's? Einmal hast du gesagt, Gott wäre bloß Wunschdenken.

Aber deine Gebete wurden erhört! Schließlich liest du das hier jetzt, nicht wahr?

Papa, du öffnest dich gerade einer neuen Vorstellung, die du ohne meinen Tod nie in Betracht gezogen hättest. Für dich spielten die anderen keine Rolle. Du hattest mich zum Wichtigsten in deinem Leben erkoren und aufgehört, dich um dich selbst zu kümmern. Der Schmerz veranlasst dich jetzt, nach einem Beweis zu suchen, dass ich noch am Leben bin, weil die Alternative noch schmerzlicher wäre. Diese Perspektive hat dir erst mein Tod eröffnet. Jetzt sprichst du mit Gott.

Sperr die Ohren auf, Papa, Gott antwortet dir!

Mit diesem erweiterten Denken wirst du begreifen, dass mein Tod nicht für dich und auch nicht für Mama, sondern vor allem für mich gedacht war. Du wirst verstehen, dass ich genau das wollte – umso mehr in Anbetracht deiner Liebe zu mir. Du wirst begreifen, dass ich gar nicht wirklich gestorben bin. Dass es mir gutgeht, ich glücklich bin – dass gar nichts schiefgegangen ist. Stell es nicht in Frage, versuche gar nicht erst, das zu verstehen. Mit der Zeit wirst du's begreifen wie ich auch.

Du hast angefangen, dich mit der spirituellen Seite des Lebens zu beschäftigen, und das wird dich schließlich dazu veranlassen, über deine eigene spirituelle Seite nachzudenken. Das ist, worum es eigentlich geht. Zwar hast du momentan das Gefühl, der Schmerz würde dich umbringen, doch das geht vorbei, und du wirst danach ein ganz anderes Leben führen. Wäre ich geblieben, dann hätte nichts von alldem geschehen können, und du wärst an Langeweile, Depressionen und letztlich am Groll gegen mich zugrunde gegangen, denn ich konnte dich nicht wiederlieben, wie du es dir gewünscht hattest.

Du und Mama, ihr habt euer Leben noch vor euch. Wir werden immer unsere gemeinsamen Erinnerungen teilen – die hier auf unbeschreibliche Weise lebendig werden. Und wir haben einan-

der für alle Ewigkeit, das ist das Beste daran. Das musst du unbedingt wissen, auch wenn du es jetzt vielleicht noch unbegreiflich findest. Doch von allen neuen Perspektiven, die ich hier dazugewonnen habe, ist es mir am wichtigsten, dir zu sagen, dass wir uns wiedersehen werden.

Mit noch mehr Liebe,
dein kleiner Honighoppel

Vertrauen, Glaube und Geduld

Der krönende Abschluss und die Manifestation eines jeden Lebens ist der Zeitpunkt samt der Art des Sterbens. Dennoch berücksichtigt seine Wahrscheinlichkeit mehr Variablen, als der menschliche Verstand sie normalerweise handhaben kann. Im Gegensatz zu dem, was deine physischen Sinne dir signalisieren, ist jeder Tod das Produkt einer tiefgreifenden Ordnung, Heilung, Liebe und unzähliger Berücksichtigungen, die von der höchsten Intelligenz in dir sorgfältig organisiert wurden. Zwar können diese Wahrheiten überaus verzerrt und verdreht sein, aber es ist dennoch sinnvoll, sie mit all jenen zu teilen, die sie verstehen – vielleicht unter Ergänzung der folgenden Sicherheitsklausel: Wenn du noch lebst, dann bist du nicht bereit. Womit wir beim nächsten Thema angekommen wären.

Kapitel 4

Du bist nicht bereit

Es mag cool sein, wenn man tot ist, aber noch cooler ist es, in den Sphären von Zeit und Raum zu leben, und deshalb bist du dort.

Du warst »tot« und wirst wieder tot sein, und im Ganzen gesehen, wirst du viel mehr Zeit dort als hier zubringen. Doch während du dort bist, wird es dir vorrangig darum gehen, die Kunst der Verkörperlichung (also das Gegenteil der gefeierten außerkörperlichen Erfahrung) zu vervollkommnen.

In diesem Augenblick jedoch, während du diese Zeilen liest, ist dein Platz noch für eine Weile auf der Bühne. Aber vielleicht bist du ja skeptisch, weil du all dies kaum glauben kannst. Möglicherweise bist du noch nicht davon überzeugt, dass dein Tag heute voller Sinn ist, dass du genau der bist, der du sein wolltest, und dich an genau dem Ort aufhältst, wo du sein wolltest. Dass du der Zauberer deines Lebens bist, der Meister der Illusionen, die dich umgeben, und eine intergalaktische Flutwelle der Liebe und reinen Energie. Und trotzdem scheint es manchmal schon zu viel verlangt, etwas so Simples wie einen Parkplatz zu finden, während ein paar Pfunde loszuwerden, die Schulden zu bezahlen und den richtigen Partner kennenzulernen mitunter schon einem grausamen Witz ähneln. Kein Wunder, dass die Lebenden klagen: »Ich plane – und Gott lacht.«

Warum *könntest* du jetzt gerade nicht zum Sterben bereit sein? Vor allem, wenn du doch gerade einen geliebten Menschen (vermeintlich) verloren hast und deshalb leidest? Vor allem, da dir doch auch alles so zufällig und chao-

tisch erscheint? Vor allem, weil du doch all diese Schwierigkeiten hast, die sich in jedem Leben aufzuhäufen scheinen? Vor allem, da du doch offenbar feststeckst und nicht
bekommst, was du willst, und der Meinung bist, dass die
ganze Quälerei doch ein bisschen zu viel verlangt ist? In
diesem Kapitel erhältst du die Antworten.

Zwickmühle

Zuerst einmal musst du dir klarmachen, dass das Leben
dich an die vorderste Front der Wirklichkeitserschaffung
stellt. Nichts lässt sich mit der Entscheidung vergleichen,
um eines Abenteuers willen, das Gott neue Augen und
Ohren gibt, neue Gefühle und ein Herz, das niemals zu
schlagen aufhört, alles zu vergessen.

Um das zu erreichen, befindest du dich auf einer selbst-
erdachten Reise, bei der du nicht weißt und nicht wissen
kannst, wohin sie führt. Auch Gott weiß es nicht, denn
sonst hätte die ganze Sache ja gar keinen Sinn.

Du bist als Gott hier, um dies herauszufinden, um einen
neuen Weg freizukämpfen. Du bist ein Pionier der Be-
wusstseinserforschung – obgleich du, wenn du das Leben
aus deiner Position der Sterblichkeit betrachtest, keinerlei
Bestätigungen erhältst. Es gibt Engel, die es nicht wagen,
dorthin zu gehen, wo du warst, und die sich von deinem
Mut unglaublich beeindruckt zeigen.

Und da ist auch schon die Zwickmühle:

*Die Abenteuer des Lebens sind allein seinen Herausforde-
rungen zu verdanken.*

Nicht dass jedem Höhepunkt ein entsprechender Tiefpunkt gegenüberstehen muss – mit diesen Dichotomien haben wir uns ja bereits befasst. Allerdings muss jeder Augenblick ein »Oder« in sich tragen. Je größer das von dir geschaffene Oder ist, desto aufregender ist es. Von allen Freuden auf Erden können sich wenige messen mit einer Leistung, die man allen Schwierigkeiten zum Trotz erbracht hat, mit einem Erfolg, den man unter Lebensgefahr erzielt hat, oder mit einer Liebe, die man gefunden hat, wo anfangs keine war. Doch in jedem dieser Fälle müssen Schwierigkeiten, Lebensgefahr, Widrigkeiten und Einsamkeit zuerst vorhanden gewesen sein! Zwei Millionen Dollar in hundert Millionen zu verwandeln ist nichts verglichen damit, wenn man null Dollar in eine Million verwandelt, denn im letzteren Fall beginnt man bei null.

Doch ausgerechnet diese Herausforderung, diese Einladung zur Größe, dieser Weg zur Freude wird von den Betroffenen nur allzu oft als Problem, Fluch und Teufelei betrachtet. Als Grund, die eigene Größe verkümmern zu lassen und auszusondern, anstatt sie zu nutzen und anzukurbeln. Und das bedeutet, das Ziel komplett zu verfehlen. Doch dein Leben kann gar nicht großartig sein, es sei denn, du hast die Windpocken, bist pleite oder deine Freundin hat dich hintergangen. Nein, dein Leben legt sich erst dann richtig in die Kurve, weil du Windpocken hast, pleite bist und deine Freundin dich hintergeht! Deine Herausforderungen sind nicht zufällig, sie sind nur für dich gemacht; sie sind nach göttlichem Plan *die deinen!*

Deshalb wollen die Toten dir zu verstehen geben, dass mit deinem gegenwärtigen Standort alles seine Richtigkeit hat, dass alles immer noch besser wird und genau so abläuft, wie es ablaufen soll, nämlich in einer steten Fortentwicklung, die dich immer höher hinaufführt. So ist Gottes Flugbahn in Zeit und Raum: ewige Ausdehnung. Die Toten wollen dir mitteilen, dass die Tatsache, dass du noch am Leben bist, auch in ihrer Abwesenheit und sosehr du sie vermissen magst, stets überaus sinnhaft ist. Der Sinn besteht darin, dass es noch Orte gibt, die du aufsuchen kannst, dass du noch neue Freunde kennenlernen kannst und es noch neue Lektionen für dich zu lernen gibt; dass ein liebevolles Universum im wahrsten Sinne des Wortes zu deinen Gunsten konspiriert und mehr Lächeln als Stirnrunzeln, mehr Lachen als Weinen, mehr Freude als Traurigkeit für dich bereithält.

Die Verstorbenen wollen dich daran erinnern, dass dir die Welt offensteht, obwohl du deine Arbeit noch nicht getan hast. Verabschiede dich von der Vergangenheit, kehre zurück ins Hier und Jetzt, und fange an, deinem restlichen Leben eine Form zu geben. Halte durch, setze den Tanz des Lebens fort und wisse, dass du dazu ausersehen bist, Erfolg zu haben und Freude zu empfinden; denn dergestalt sind die Neigungen des Göttlichen, die Eigenschaften des Unsterblichen und dein Geburtsrecht für alle Zeit.

Happy End

Würden liebevolle Eltern ihrem Kind jemals ein Buch geben, das nicht gut ausgeht? Nein. Aber sie würden ihm vielleicht raten: »Höre nicht auf zu lesen, nur weil gruselige Stellen vorkommen.« Und auch dein größeres Ich würde dir nicht Zeit und Raum schenken, wenn auf lange Sicht nicht alles gut würde, ungeachtet wie sich die Dinge auf halbem Weg anlassen. So gut, dass es, egal was unterwegs auch geschieht, jedes Holpern und jede Wendung wert wäre.

Ich hoffe natürlich, du ahnst, dass in dieser Metapher das Happy End nicht gleichbedeutend mit deinem Tod ist. Das Leben soll nicht schwer sein, damit du hinterher glücklich sein kannst. Das glückliche Ende stellt sich schließlich mit dem Verständnis für die kniffeligen Situationen ein, die du im Laufe deines Lebens durchstehen musst. Der Schlüssel zum Glück ist, dass du sie tatsächlich durchleben musst und nicht bei den »gruseligen Stellen« aufhören darfst. Du musst obsiegen, am Ball bleiben und deinen Weg fortsetzen, damit du aus deiner kniffeligen Situation wieder herauskommst.

Sobald du sie gemeistert hast, tritt ein neuer Traum in Erscheinung und setzt eine weitere Reise in Gang.

Die meisten Menschen, die das Leben, Gott und den Sinn des Daseins zu verstehen suchen, stellen sofort Fragen zum Leid und Schmerz in der Welt. Nie fragen sie:

- Warum haben so viele Menschen vom Nordpol bis zur Sahara genug zu essen?
- Warum führen so viele Menschen ein so zauberhaftes Leben mit Freunden, Partnern und Kindern?
- Warum gibt es so zahlreiche Lottogewinner, Rockstars und Milliardäre?

Wenn du nach dem Happy End für Kinder fragst, die in weit entfernten Ländern verhungern, oder nach dem grauenhaften Missbrauch, der in nahezu jeder Nation vorkommt (beides überaus berechtigte, verantwortungsbewusste Fragen), dann musst du diese Fragen im Kontext von sieben Milliarden Leben betrachten, die gleichzeitig stattfinden. Dann wirst du feststellen, dass Tragödien vergleichsweise gering sind. Und zugegeben, die Zahl der Menschen, die in ihrem Leben Gewalt in irgendeiner Form ausgesetzt sind, ist keinesfalls klein, aber dennoch definiert diese Gewalt niemals das gesamte Leben, und die Betroffenen können vor oder nach dem Gewaltakt durchaus glücklich sein. Wer sein Leben oder das eines anderen Menschen, den Fortschritt oder scheinbaren Stillstand darin, ausschließlich anhand eines isolierten Punktes beurteilt, der reißt diesen Augenblick vollständig aus dem Gesamtzusammenhang.

Vorübergehende Störungen, bleibende Geschenke

Verluste, die sich im Leben zutragen, sind nicht nur vorübergehend, sondern wie Zeit und Raum selbst Illusionen. Wie könnte man das besser lernen als durch die Wahl eines Wegs mit Wahrscheinlichkeiten, die Verluste beinhalten, eines Wegs, der es möglich macht, Missverständnisse erst aufzudecken und dann zu verwerfen? Stell dir das Glücksgefühl vor, das die trauernde und scheinbar verlassene Seele empfindet, wenn sie die Wahrheit herausfindet, dass der geliebte Mensch weiter am Leben ist und dass sie mit ihm bald für immer zusammen sein wird. Indem du deine Herausforderungen annimmst oder gar willkommen heißt, schaffst du Gelegenheiten, in denen sich ihre Geschenke offenbaren können. Dann steht es dir frei, in all dem Wunderbaren, was dann folgt, zu schwelgen und auf einem Weg voranzugehen, der dich nun sogar noch höher hinauf ins Licht führen kann, als deine bisherigen Einschränkungen es zugelassen hätten.

Nichts geschieht zufällig. Zu leben heißt, du wusstest, worauf du dich einlässt, und du kanntest alle Wahrscheinlichkeiten, mit denen du vielleicht eines Tages konfrontiert werden würdest. Jedes scheinbare Loch in deinem Leben ist eine eigens auf dich zugeschnittene Einladung von dir an dich selbst, dich zu größeren Wahrheiten über das Leben, die Liebe und die Wirklichkeit führen zu lassen, als es dir sonst in den Sinn gekommen wäre. Beutelt dich ein Verlust oder eine Tragödie, leidest du unter einer Schwachstelle oder Unvollkommenheit, dann hast du die Wahl, ob du dich von ihnen abwärts- oder aufwärtsführen lassen willst. In Anbetracht der Unverwüstlichkeit des menschlichen Geistes und der angeborenen Neigung eines jeden Menschen hin zum Erfolg, wirst du dich letztendlich für den Weg nach oben entscheiden. Du wirst feststellen, dass du trotz all der Herausforderungen, Rückschläge und des Kummers heil geblieben bist, ja, dass du durch sie sogar an Größe gewonnen hast.

Fallbeispiel: häusliche Gewalt

Dies ist ein Reizthema, und somit sei von vornherein klargestellt, dass nichts, aber auch rein gar nichts Gewalt in irgendeiner Form rechtfertigen kann. Gewalt ist falsch, unverdient und kriminell. Wer sich solcher Vergehen schuldig macht, muss hart bestraft werden. Und wer mit den Folgen von Gewalt leben muss, hat ein Recht auf Mitgefühl und Wiedergutmachung. Dennoch kommt Gewalt vor, und da dir Antworten auf schwere Fragen zustehen, kann dieses Thema einen Beitrag leisten, einige der in diesem Kapitel angesprochenen Aspekte zu veranschaulichen.

Angenommen, ein Opfer häuslicher Gewalt käme zu

dem Schluss, dass es sterben muss, dass das Leben ungerecht ist und dass es in seiner Situation keine Hoffnung auf
Erlösung gibt, dann hätte es *in diesem Augenblick* recht.
Wären dies jedoch die einzigen Schlussfolgerungen, dann
würden sie die erfahrene Gewalt aus dem Gesamtzusammenhang reißen, zu dem schließlich auch Vergangenheit
und Zukunft gehören. Wenn das Opfer dann wesentliche
Entscheidungen für sein Leben – wie Zukunftspläne aufzu-
geben, Freunden aus dem Weg zu gehen, Wut aufsteigen zu
lassen – allein auf diese kurzsichtigen Schlüsse gründet,
dann verschließt es die Augen vor den Wundern, die es auf
allen Seiten umgeben, macht seine Selbstheilungskräfte
zunichte und verwehrt sich den ausgleichenden und den
Geist erhebenden Einsichten, die jede Krise mit sich
bringt, wie etwa …

• zu begreifen, dass wir unseren Wert nicht erst verdienen
  müssen.
• zu lernen, dass nein zu sagen oder gesagt zu bekommen,
  kein Liebesentzug oder Ausdruck von unangemessenem
  Egoismus ist.
• zu erkennen, dass niemand dafür verantwortlich ist, jemand anderen zu retten oder zu erlösen.
• sich damit auseinanderzusetzen, dass es so etwas wie einen einzigen wahren Seelengefährten nicht gibt.
• zu entdecken, dass Selbstliebe vorhanden sein muss, bevor man andere lieben kann.
• herauszufinden, dass man, um glücklich zu sein und in
  Frieden zu leben, Trauer und Gewalt nicht kennengelernt haben muss.

Oder eine unendliche Zahl anderer Lektionen und Einsichten, da häusliche Gewalt ja in immer einer anderen
Spielart auftritt.

Außerdem gilt: Alle im Leben erfahrenen Verluste und alles Leid, alle erlebten Krankheiten, Enttäuschungen und Kümmernisse, jegliches bezeugtes Leben und Sterben, all dies wurde vom Abenteurer selbst geschaffen. Sie alle bieten ihm passgenaue Gelegenheiten, um sich selbst zu korrigieren, um Gleichgewicht, Heilung und Wachstum zu finden und um in den Genuss unermesslicher Bereicherung zu kommen. Das langfristige (wir sprechen von der Ewigkeit!) potenzielle Gute übersteigt immer die kurzfristigen Rückschläge und das einhergehende Leid. Wenn schwierige Situationen im Laufe der Zeit beurteilt werden, und zwar nicht als isolierte, aus dem Zusammenhang gerissene Ereignisse, dann werden die darin verborgenen Geschenke offensichtlich.

Andererseits bleibt kein Platz für Heilung, Gleichgewicht oder Fortschritt, wenn das Pendel in die andere Richtung ausschlägt oder ein Leben nicht ausgelebt werden darf. Wo du dich gegenwärtig befindest, dort bist du richtig; genau da sollst du sein. Nicht, weil das dein Schicksal ist, sondern aufgrund der Entscheidungen, die du getroffen hast, und der Schwerpunkte, die du bisher gesetzt hast. Zwar wird es Zeiten geben, in denen du dich dort, wo du bist, unwohl oder unglücklich fühlst, doch dein Weg wird dich unweigerlich zu mehr Freunden, mehr Liebe und mehr Erkenntnis führen. Er führt fort von Verwirrung und Missverständnissen und hin zu Klarheit, während du durch Versuch und Irrtum herausfindest, welche Macht du über alle Illusionen in deinem Leben besitzt.

Der Handlungsablauf verdichtet sich

Festzustellen, dass niemand sich zufällig in bedrohlichen oder schwierigen Situationen wiederfindet, ist vielleicht der erste Schritt auf dem Weg zu dem Wissen, dass dir gar nichts geschehen kann. Zur Erkenntnis, dass man das Leben nicht als einen furchterregenden Ort sehen muss, wo jemand nach dem Zufallsprinzip mit Dolchen nach uns wirft. Alles, was geschieht, wurde durch vorangegangene mehr oder weniger gewollte Gedanken, Überzeugungen und Erwartungen vorprogrammiert. Diese ungewollte Vorprogrammierung macht in der Regel keinen sonderlichen Spaß, und genau deshalb veranlasst sie uns, endlich Fragen zu stellen, unser Verhalten zu korrigieren und schließlich aus eigenem Antrieb neue Wege freizusprengen.

Unterdessen wirst du, indem du nach und nach verstehst, wie aus dem Puzzle ein Bild wird, die Bedeutung des Lebens leichter erkennen und die Inspiration finden, um deinen Weg fortzusetzen.

Die meisten Lebensgeschichten entfalten sich mehr oder weniger wie die Handlung in einem Roman oder Film: Jedes Detail hat seinen Sinn, ist wichtig, geplant und genau erwogen; keine Figur ist verzichtbar. Die Lebensgeschichten sind weder vorgezeichnet noch zufällig, sondern spontan aufgeschrieben im stillen Kämmerchen hinter der Bühne, das den Blicken absichtlich entzogen ist, damit du jede Drehung und Wendung voll ausleben kannst.

Bitte verwechsle »zufällig« nicht mit »spontan«. Spontanes macht Spaß. Es tritt aus einem Feld der Möglichkeiten heraus in Erscheinung, über das du die Gewalt hast, aus dem du auswählst und in dem du deinen Sinn findest. Spontanes verlangt Instinkt und Drang, Ahnungen und Gespür, Vorstellungskraft und Vertrauen. Zufälliges unterstellt das Gegenteil: Leere und Sinnlosigkeit. Vielleicht ja, vielleicht nein. Glück oder Pech.

Beleuchtung, Kamera, Action

Gibt es im Film zufällige Beinaheunfälle, ungeplante Fastzusammenstöße oder Ungefähres? Gibt es Figuren, die fast verletzt werden, sich beinahe verlieben oder die ungefähr sterben? Natürlich nicht! Alles wird zuvor im Drehbuch genau festgeschrieben. Die Rollen werden passend besetzt. Entscheidungen werden getroffen, umgestoßen und neu getroffen. Episoden werden erdacht, bearbeitet und eingefügt. Dialoge werden entwickelt, einstudiert und aufgeführt. Nichts bleibt dem Zufall überlassen – zu riskant, zu kostspielig. Obwohl es natürlich aus deinem Kinosessel heraus so aussieht, als ob da Zufälle und Glück im Spiel wären, denn so muss es ja aussehen, wenn die Handlung glaubwürdig sein soll! Nichts sonst ist so wichtig für den Erfolg eines Kinofilms wie die Aufrechterhaltung *scheinbaren* Zufalls. Ohne glaubwürdige Auftritte mit entsprechenden Überraschungen, ohne den Ausdruck des freien Willens und den Raum für die Vielzahl von Möglichkeiten wäre die Filmproduktion wertlos. Genau wie das Leben – oder nicht?

Zeit ist eine Illusion. Das Gleiche gilt für den Raum. Doch erschaffen sie die Leinwand für die Wirklichkeit, bei der du Regie führst. Alles geschieht zuerst auf dem Papier in Gedanken und Vorstellungen, hinter dem Vorhang und mithin außerhalb von Zeit und Raum. Dort findet umfassende logistische Planung und Koordination innerhalb kürzester Zeit statt. Außerhalb von Zeit und Raum können Drehbücher vervollkommnet und unmittelbar umgesetzt werden, selbst wenn die Vorkommnisse darin noch so schockierend oder verblüffend sind. Dort gibt es keinen zufälligen Passanten, keinen in der Ferne bellenden Hund und auch keine Feuerwehr mit kreischenden Sirenen, die zufällig, ohne Grund, ohne Plan, unchoreographiert und ohne vorheriges Casting einen Auftritt erzwingen. Und niemand wird verletzt, verliebt sich, lebt oder stirbt, ohne dass es Sinn und Verstand hat. Im Leben gibt es kein Beinahe, kein Fast und kein Ungefähr, ganz egal wie zufällig alles zu sein scheint.

Auch die Person, die im wahren Leben als Einzige einen Flugzeugabsturz überlebt, kommt dem Tod nicht näher als diejenige, die am Sonntagmorgen im Kreis der Familie ein Toastbrot isst. Nicht, weil das ihr Schicksal ist – das gibt es schließlich gar nicht –, sondern weil das nicht in ihrem »Drehbuch« steht. Vergangene und gegenwärtige Gedanken und Erwartungen rufen für die Erfahrungen dieser Person die wahrscheinlichsten verfügbaren Wirklichkeiten herbei, während zugleich die göttliche Intelligenz ihr Drehbuch mit dem von sieben Milliarden anderer Menschen verwebt – Moment für Moment, Szene um Szene.

Kannst du erkennen, wohin die Reise geht? Wird dir klar, dass alles Leben im Werden begriffen ist, auch dein Leben, auch dein Leben heute? Und begreifst du nun, dass auch, wenn du dich langweilst, ängstigst oder am liebsten alles hinwerfen möchtest, die Tatsache, dass du noch immer *bist*, der unwiderlegbare Beweis dafür ist, dass du noch nicht bereit bist, die Bühne zu verlassen?

Der unbekannte Autor

Trotz des geheimnisvollen Beiwerks und der beweglichen Bühnenkulisse, die du einsetzt, aber gar nicht unbedingt durchschauen musst, spürst du doch, dass alles einen Beitrag zum positiven Gesamtbild deines Drehbuchs leistet. Du spürst, dass dies auch jetzt auf dein Lebensabenteuer zutrifft, ganz egal was bisher geschehen ist. Wenn irgendetwas in Erscheinung tritt, das dir nicht gefällt oder das du nicht magst, dann musst du die nötigen Veränderungen in Gang setzen, denn du bist der unbekannte Autor, der mit Gedanken, Überzeugungen und Erwartungen schreibt.

Deine göttliche Intelligenz ist dein ansprechbarer Choreograph, der für dich Schritte und Routinen in Form von Lebenserfahrungen formuliert und der dich mit Visionen versorgt, an denen du deine Geschichte entwickeln kannst. Sie denkt sich Erfahrungen für dich aus, auf die du dir, während du sie durchlebst, keinen Reim machen kannst, deren Vollkommenheit im Rückblick jedoch offensichtlich ist und an deren Sinn du dann keinen Augenblick zweifelst.

Der Titel deiner Lebensgeschichte könnte dein Name sein, und dein Genre ergibt sich aus den Stärken und Interessen, die du im Laufe deines Lebens entwickelt hast. In deinem Drehbuch lebst du als Star in emotionaler Hinsicht die Hauptrolle, die du, ohne es zu wissen, so überzeugend gestaltest, dass du selbst dich für wirklich hältst. Und dein eifrigster Leser ist Gott, der durch das Fenster deiner Seele jedem deiner Worte folgt.

Natürlich bist du wirklich, nur nicht so, wie du meinst. Und kein Bestandteil dieser Analogie will die menschliche Erfahrung ins Abseits drängen. Ganz im Gegenteil, du kannst sie nutzen, um erst die Wahrheit zu erkennen und dir dann helfen zu lassen, damit du im Glanz deines Einsseins mit dem Göttlichen schwelgen kannst. Und dann verstehst du, dass es Gott in seinem einzigartigen Scharfsinn war, der davon träumte, *durch dich* und *als du* er zu sein. Und deshalb kannst du dich daranmachen, mit Absicht zu leben, freudig deine Umgebung zu gestalten und dabei die Fertigkeiten der Vorstellung, Geduld und Manifestation zu meistern.

Kreatives Schreiben

Jeder gute Schriftsteller hat einen Trick, einen tollen und wirkungsvollen Trick. Er kann den Leser auf einen dunklen und gruseligen Weg führen, den er mit Geheimnis und Spannung auflädt – während er selbst bei Vollbeleuchtung in seinem Arbeitszimmer sitzt und im Nachbarzimmer die fröhlichen Kinder und die Ehefrau mit der kuscheligen Katze auf dem Schoß vor dem dröhnenden Fernseher lümmeln. Der Schriftsteller darf sich Dinge ausdenken, er legt falsche Spuren, versteckt Schlüssel an verborgenen Orten, schickt den Bösewicht schnurstracks in die Wüste und hat dem Helden zuvor zufällig, um ihn zu wärmen, einen Hut zugeworfen, aus dem er später, bevor die Brücke in die Luft fliegt, den Hasen zieht, und zwar in letzter Sekunde! Der Schriftsteller hat die Zeit auf seiner Seite oder, noch zutreffender, er erdenkt seine Geschichte *außerhalb* der Zeit. Der Leser aber erlebt die Geschichte dann in logischer Abfolge nach, da er sie auf einer Zeitachse liest. Der Schriftsteller besitzt die Freiheit, noch nach der Fertigstellung seiner Geschichte an ihrem Anfang eine Figur einzufügen, die ein Problem lösen wird, das erst nach Fertigstellung des ersten Entwurfs aufgetreten ist! Doch natürlich weiß der Autor seine Geschichte so meisterhaft zu gestalten, dass sie für den Leser ganz spontan, natürlich und logisch zum Leben erwacht in dem Augenblick, wenn er die Worte liest; und das geschieht natürlich lange nachdem der erste Entwurf geschrieben, gedruckt und gebunden wurde.

All dies ist möglich, weil der Schriftsteller seine Rolle bei der Erschaffung genau kennt und entsprechend die richtigen Knöpfe zum richtigen Zeitpunkt drückt, damit der Leser die erwünschten Ergebnisse im vollendeten Werk vorfindet.

Genauso verhält es sich mit dem Autor eines Lebens. Er erfasst genau seine Rolle bei der Erschaffung, erteilt dem Glücksfall seinen Marschbefehl basierend auf dem Geschriebenen in Form von Gedanken, Überzeugungen und Erwartungen, um in jeder abgeschlossenen Manifestation die erwünschten Ergebnisse zu erzielen. Das ist *dein* großer Trick. Zu wissen, dass du in keiner Weise von der Welt um dich her abhängig bist. Die Welt muss nicht irgendwie bearbeitet oder manipuliert, die Menschen müssen nicht gegeneinander ausgespielt werden, damit Veränderungen eintreten. Tatsächlich ist es aussichtslos, bedeutsame Veränderungen im Leben herbeizuführen, indem man die Illusionen von Zeit, Raum und Materie manipuliert. Beschäftige dich stattdessen lieber mit ihrer Quelle! Geh nach innen zu deinen Gedanken und Vorstellungen. Mache dir Vorstellungen von neuen Möglichkeiten, und erschaffe sie auf diesem Weg, denn das Universum wird in der physischen Welt darauf reagieren und die Illusionen deines Lebens neu ordnen.

Außerhalb von Zeit und Raum darfst du unter Einsatz deiner Vorstellungskraft erträumen, was du geschehen sehen, wohin du gehen, wer du sein und was du besitzen möchtest. Wie durch Zauberei werden die Einzelheiten für dich errechnet. Die Requisiten und Mitspieler auf der Bühne deines Lebens kommen in Bewegung, werden durch scheinbare Unfälle und Zufälle umgruppiert. Genau im richtigen Augenblick und aus den richtigen Gründen werden die richtigen Leute herbeigeholt und nicht mehr benötigte fortgeschickt, damit du, der Star, auf überraschende und doch zugleich glaubwürdige Weise von dort, wo du bist, dorthin gelangen kannst, wo zu sein du dir erträumst.

Du hast die leichte Rolle. Das Universum übernimmt die schwere und erledigt den Rest. Du musst lediglich zwei Dinge tun:

1. Schritt: Festlegen, was du willst, und
2. Schritt: Da sein, um es zu empfangen.

Wenn du das schaffst, dann wird dir alles andere auf dem sprichwörtlichen Silbertablett serviert.

Besser geht's nicht

Mit diesen hinzugewonnenen Erkenntnissen und in Anbetracht der Tatsache, dass dein Leben eine gigantische Baustelle ist und dass kein einzelner Gedanke und keine aus dem Ganzen herausgelöste Erfahrung dir irgendeine gültige Antwort geben kann, erkennst du gewiss, dass du nicht wissen kannst, wann du naturgemäß zum Sterben bereit bist – bis zu dem Moment, in dem du gestorben bist. Und wenn du noch so sehr darauf beharrst, dass es sich anders verhält – wie ein Kind hofft, unsichtbar zu sein, weil es die

Augen schließt –, wird dein Beharren nichts an der Wahrheit ändern, ganz egal, wie groß deine emotionalen Schmerzen sind oder wie unglücklich du auch sein magst. Eine wunderbare Produktion ist im Gange, und du bist zugleich Drehbuchautor, Star und Publikum. Während die Seiten umgeblättert werden, schauen die Engel dir über die Schulter, weil sie wissen wollen, wie die Geschichte weitergeht, und sogar Gott kann es vor Spannung kaum aushalten. Und auch wenn du es nicht erkennen kannst: Dein Weg ist eine Aufwärtsspirale, die dich in immer größere Höhen führt, wie du sie in noch keinem anderen Leben erreicht hast.

Sieh also, dass du vorankommst. Geduldig sein heißt nicht, passiv sein! Gehe auf deine Träume zu, und freue dich an allem, was funktioniert, an allem, das du hast, und daran, wer du bist. Verbringe deine Zeit mit Freunden. Verbringe sie alleine. Mach dir keine Sorgen. Sei glücklich. Blicke nach vorn. Das ist natürlich leichter gesagt als getan, doch genau darum geht es. Wenn diese Dinge leicht wären, dann wären sie ja schon getan, und worin läge dann der Sinn? Du hast dich für das Intensivprogramm angemeldet: schwerer am Anfang, dafür später mit mehr Spaß.

Dein Leben hat keine Macken, nur weil du dich manchmal verloren und unvollständig fühlst; das bedeutet, dass du wächst, ganz normal und genau dort bist, wo du sein sollst. Deine Herausforderungen und Leidenschaften behindern dich nicht, sondern segnen dich auch dann, wenn du einen geliebten Menschen vermisst, der vor dir bereit war. Und wegen der Liebe, die du durch den vermissten Menschen erfahren hast und noch erfährst, bist du sogar besonders gesegnet. Je größer dir der Mangel und die Unzufriedenheit in deinem Leben erscheinen, desto großartiger die Rückkehr und der Grund zum Feiern.

Höre auf, dich zu fragen oder nachzugrübeln, ob »deine

Zeit« gekommen ist. Das ist sie nicht. Was du schon bald einsehen wirst.

Ach, und übrigens, du wirst die Erde vermissen. Das geht jedem so.

Von einem geliebten Verstorbenen

Alexa!

Wahnsinn, was für ein Flug! Ich meine … was für eine Bruchlandung! Irre!

Wer stirbt schon bei einem Flugzeugabsturz, oder? So gut wie keiner. »Fliegen ist die sicherste Art zu reisen, blabla«, außer wenn … Nun, entgegen aller Wahrscheinlichkeit ist es mir passiert.

Mann, ich lebe! Das Einzige, was anders ist: Ich kann dich hören und sehen, aber du mich nicht. Die Floater haben gesagt, ich war bereit, aber du nicht. Ja, die treiben sich hier herum wie die Geister, und sie sind so liebevoll und klug, dass man es kaum aushält. Sie haben mir erklärt, ich sei jetzt auch ein Floater, aber ich habe noch meine Beine. Nein, ich kann dich nicht sehen, wenn du unter der Dusche stehst. Ob ich das ernst meine? Da gibt es irgend so ein automatisches Barrieredings, das alles Private verbirgt, was du nicht zeigen willst, vorausgesetzt, es gehört nicht zum Abenteuer eines anderen. Zum Beispiel, als du Bob geküsst hast, in der Zeit, als er noch mein Freund war, vor dem Unfall. Das gehört auch zu meinem Leben, deshalb habe ich das nach meiner Ankunft hier während der Nachbesprechung gesehen. A L L E S, Lexie! Aber wenn du ihn jetzt küsst, dann bekomme ich es nicht mit, weil es nicht mehr zu meinem Leben gehört.

»Flittchen!« Ich mache nur Spaß! Hier kann man gar nicht wütend sein – hier hat man zu viel Anlass, glücklich zu sein. Außerdem wusste ich es schon, und ich war ja auch keine Heilige. Tut mir leid, das erfährst du erst in deiner Nachbesprechung …

Irre, was man hier alles herausfindet!

Sag mal, ist dir je aufgefallen, dass ich mit deinem Geisteswissenschaftslehrer in der Schule nicht besonders konnte, mit diesem Mr. Gresham? Rate mal, warum! In einem früheren Leben war er mein Vater, und er hat mich und meine Mutter gleich nach meiner Geburt allein im Wald zurückgelassen. Wir sind verhungert und erfroren! Horror! Glaube es oder nicht, aber jeder Lebende trägt irgendwo tief in seinem Inneren das Bewusstsein von irgendwelchem früher angerichteten Unrecht, und für gewöhnlich versucht man das in einem zukünftigen Leben wiedergutzumachen, ohne zu begreifen, warum. Weißt du noch, dass ich eine Eins in Geisteswissenschaften bekommen habe? Ich finde, um einen Mord wiedergutzumachen, braucht es eigentlich ein bisschen mehr als eine gute Note! Nun, ich glaube nicht, dass das die ganze Geschichte ist, aber über die Eins habe ich mich schon gefreut.

Lexie, ich erwähne das, weil ich etwas beichten muss. Ich habe dich einmal wirklich schwer verletzt, bei einer Messerstecherei. Echt! Es tut mir leid. Wir waren Druiden und lebten in einer Gegend, wo heute Galway ist. Bob war auch da – ich hätte lieber ihn niederstechen sollen. Nein, nicht ernst gemeint!!! Jemanden mit dem Messer niederzustechen hat gewaltige, schlimme Folgen. Jedenfalls gefällt es Freunden manchmal, gemeinsam zurückzukommen, damit sie Dinge klarstellen können, oder einfach, weil sie die gleiche Art Abenteuer mögen. Es tut mir wirklich leid. Jetzt vergibst du mir vielleicht, weil du es vergessen hast, aber, oh Schreck, wenn du zurückkommst, dann fällt dir bestimmt alles wieder ein.

Noch etwas, das wirklich super ist: Weil ich bereits wusste, dass du Bob geküsst hast und ich es wortlos zugelassen habe, ohne zu kämpfen, bin ich jetzt frei von etwas, das mich immer zurückgehalten hat. Ich konnte ihn loslassen, weil ich schließlich begriffen habe, dass mein Glück nicht von einem anderen Menschen abhängt und dass die Lügen eines anderen keinen Einfluss

auf mein Glück haben. Ich habe also bekommen, was ich am dringendsten wollte. Das war meine Lektion. Außerdem habe ich als Kind gelernt zu teilen – was wichtiger ist, als du vielleicht meinst. Jedenfalls bin ich deshalb gestorben oder hierhergekommen. Toll, nicht? Hab's dir ja gesagt. Du wirst schon sehen, wo ich als Nächstes hingehe, nur kann ich es dir nicht sagen ... Wie auch immer, was für ein Flug! Bin froh, dass es dir gutgeht! Du sollst wissen, dass auch mir nichts fehlt. Dass du überlebt hast, Lexie, heißt nur, dass dort noch mehr Abenteuer auf dich warten. Dass ich »gestorben« bin, bedeutet bloß, dass meine nächsten Abenteuer woanders stattfinden. Aber wir können uns auch weiterhin so treffen, wie wir es tun, wenn du nachts träumst, selbst wenn du dich nicht daran erinnerst. Und das werden wir für alle Zeiten, hier und dort und überall.
Ich hab dich lieb, Schwesterchen!

Trixie, die Messerwerferin

Bevor ein großer Traum wahr wird

Weißt du, was in der physischen Welt geschieht, bevor ein wirklich großer Traum wahr wird?

Absolut gar nichts.

Wenn also in deinem Leben gerade gar nichts geschieht, dann nimm es als Zeichen. Und wenn du dir manchmal Gedanken machst, ob es für dich bald Zeit ist oder dir das sogar wünschst, dann sei versichert, das ist es nicht. Wie eine Strömung im Wasser, so kommt Veränderung ohne jedes Geräusch. Und irgendein Tief, in dem du jetzt vielleicht steckst, ist nur die Ruhe vor dem Sturm der Fügun-

gen, glücklichen Zufälle und Entdeckungen, in deren Kiel-
wasser deine nächste prickelnde Transformation schwimmt.
Immer braut sich etwas Wunderbares zusammen.

Außerdem solltest du dir keine Sorgen machen, ob irgendwelche Nebenschauplätze, an denen das schlechte
Benehmen anderer eine Rolle spielt, dir vielleicht die
Show vermasseln. Was immer sich zwischen dir und diesen
Menschen abgespielt hat, dein unvermeidlicher Triumph
wird umso süßer schmecken, und du hast Aussicht auf die
demütigsten Entschuldigungen.

Kapitel 5

Wir bedauern
jeden von uns
verursachten Kummer

Es ist eine Tatsache: Irgendwann werden diejenigen, die nach Abenteuern suchen, verletzt – und sie werden ausnahmslos von Menschen verletzt!

Und in der Mehrzahl der Fälle durch geliebte Menschen; manchmal sogar durch den Menschen, den sie am meisten lieben.

Wenn die Zeit gekommen ist, dann wirst du natürlich herausfinden, dass du selbst andere manchmal ebenso sehr verletzt hast wie sie dich. Und dass du oft ausgerechnet die verletzt hast, die dir am wichtigsten waren. Es ist also ganz normal, dass dich, kaum im Jenseits, wo dich tiefes, natürliches Mitgefühl in die Schuhe der anderen schlüpfen lässt, der Wunsch überwältigt, den Menschen die Wahrheit mitzuteilen, damit ihre Last geringer wird, sie ihren Blickwinkel verändern und einen glücklicheren Weg einschlagen können. Die Verstorbenen bedauern von ganzem Herzen jeden Kummer, den sie anderen zugefügt haben.

Die große (Lebens-)Rückschau

Wenn der Schalter umgelegt wird und die Lichter von Zeit und Raum erlöschen, dann wird zugleich an anderem Ort ein anderer Schalter betätigt, und das Licht im Unsichtbaren geht an. Und nichts anderes würdest du erwarten, da du doch weißt, dass Leben ewig währt, geordnet und von göttlicher Intelligenz ist. Mit Sicherheit erwartet dich nicht ewige, formlose Dunkelheit. Um die Wahrheit zu sagen, Adjektive wie »strahlend«, »ausgetüftelt«, »ergreifend« und »atemberaubend« wirken blass im Zusammenhang mit der Schönheit und Ordnung, die zurzeit für dich im Sichtbaren noch nicht zu erkennen sind. Und angesichts solcher Ordnung und Schönheit und in Anbetracht der Tatsache, dass das Leben eine Abenteuerschule ist, würdest du da nicht auch irgendeinen Lebensrückblick erwarten, ein Zeugnis oder eine Art Statusprüfung?

Genau so ist es. Du machst wirklich gut mit.

Und kannst du dir vorstellen, wer dir die Noten gibt?

Du selbst. Schließlich hast du dir die ganze Sache ausgedacht, jedenfalls deinen Anteil daran. Wer sonst sollte es also tun? Nicht dass du über dich zu Gericht sitzen sollst, was du aber wahrscheinlich tun wirst. Ziel ist es, zu lernen. Zu sehen. Zu verstehen. Dich emporzuschwingen.

Natürlich wirst du nach deiner Rückkehr mit deiner erweiterten Perspektive nicht nur dazu in der Lage sein, alles zu überdenken, was du zwischen Geburt und Tod erlebt hast, du wirst auch erkennen und verstehen, welche Rolle du beim Zustandekommen aller deiner Erfahrungen gespielt hast: deine Methoden und Verrücktheiten, Wahrheiten und Lügen, Rationalisierungen und Rechtfertigungen, Treffer und Fehlversuche … einfach alles in einer Tiefe und in einem Maß, wie du es dir jetzt gar nicht vorzustellen vermagst.

Du wirst sogar erkennen, wie dein Leben zu Ende ging und so den Grundstein für deine Entscheidungen und Abenteuer im nächsten legte. Wie dein vorvorheriges Leben deine jüngsten Erfolge ermöglichte. Wie dir vor Jahrtausenden Freunde versprachen, wieder einmal vorbeizuschauen, ob nun zum Spielen, Necken oder Spotten. Und wie du zugesichert hast, dich wieder mit ihnen zusammenzutun. Du wirst erkennen, warum du so gut in Mathe oder vielleicht in Musik warst, weshalb du Geschichte oder den Kunstunterricht nicht ausstehen konntest, wo du warst, als du dich zum ersten Mal verliebt hast, welche Einflüsse hinter deinen unerklärlichen Trieben und Ängsten stecken, welch eine uralte Verbindung zwischen dir und den von dir erwählten Eltern besteht, aber auch zu den Menschen, die du verabscheut oder bewundert hast, und warum.

Deine Triumphe und Eroberungen werden die Quelle deiner Ekstase sein, dein Mut und deine Tapferkeit werden dich zum Erstrahlen bringen, du wirst deine Toleranz auskosten, deine Hartnäckigkeit feiern und deinen Mumm; dein Mitgefühl, deine Empathie und deine Zärtlichkeit. Und alles, was du empfindest, wird eine Million Mal verstärkt, wenn du *dein* Gutes in anderen verwirklicht siehst, wenn es nach außen getragen wird, wenn sich dein Lächeln und deine Stärke, ansteckend wie ein Buschbrand, durch Raum und Zeit verbreiten – ja, bis hinein in die Ewigkeit, wo sie mehr Leben erreichen, als du dir je hättest träumen lassen.

»Huch, ich hab's schon wieder getan«

Allerdings wirst du dich auch ungläubig all die Male dabei beobachten, wie du, in Liebe gebadet, von Engeln unterstützt und auf dem sicheren Weg zu Größe und Herrschaft aufgrund deiner Naivität, Ignoranz oder irgendwelcher Missverständnisse von allen diesen Dingen nichts mitbekommen hast. Und dann siehst du zu, wie du es auf dich nimmst, Unrecht wiedergutzumachen, das empfundene

Ungleichgewicht zu heilen und für dich zu beanspruchen, was andere dir aus reiner Dummheit verweigert haben. Und wie du versuchst, Veränderung zu bewirken, indem du die Illusionen und andere Menschen manipulierst, statt dich nach innen zu wenden. Wie du kritisierst, urteilst und verletzt in mentaler, physischer und emotionaler Hinsicht, und dabei lebst du doch in einem liebevollen, dich bewundernden Universum. »Was, ich?« Du fragst dich bestürzt, ob die Bilder irgendwie verzerrt sein könnten, denn du erinnerst dich an all die Verletzung und Verwirrung, die du damals empfunden hast, aber nicht an die Liebe, die dich einhüllte.

Im Vergleich zu deinen feineren Augenblicken werden solche Beispiele selten sein, und zwischen den einzelnen Vorkommnissen wird viel Zeit liegen; dennoch verursachen sie Unbehagen. Trotz aller Unterstützung und trotz allem, wie es ganz offensichtlich hätte sein können, hast du es dir gestattet, dich wie ein primitiver Höhlenbewohner zu verhalten. Und deine Gewissensbisse werden noch durch deine Erkenntnis verstärkt, dass dein Verhalten anderen als Entschuldigung diente, sich ihrerseits zu ducken, Schuldgefühle zu entwickeln und die Vielzahl der Möglichkeiten nicht wahrzunehmen. Dass *ihr* Handeln einen Schatten auf einen immer weiteren Kreis von Mitmenschen warf, trägt auch nicht zu deiner Entlastung bei.

Das ist nicht schön.

Und doch … du wirst durch das Gute gestärkt und siehst, dass es sich weiter und schneller ausdehnt als das Böse, angespornt durch das Bedürfnis aller, sich für die Liebe zu entscheiden. Dir wird klar, dass in der Ewigkeit jeder genügend Zeit hat, um würdevoll wieder auf die Füße zu kommen. Nichts geschieht umsonst, und jede Erfahrung sorgt dafür, dass Gott sich weiter ausdehnt. Jeder lernt schließlich, was zu lernen er gekommen ist, und kehrt anschließend zurück zur Liebe. Wir alle schaffen es zurück »nach Hause«, ganz und vollständig, ja sogar größer, als wir es ursprünglich waren. Uns steht eine unendliche Zahl zweiter Chancen offen. Und zweifelsohne spürst du, dass du trotz deiner großen Enttäuschungen und Fehler absolut vergöttert wirst. Du fühlst es körperlich. Du versteht diese Zusammenhänge zwar erst nach und nach, doch dass sie wahr sind, weißt du, weil du verstanden wirst. Du weißt, dass am Ende alles gut wird. Du verstehst, dass Heilung allen zur Verfügung steht, und somit auch dir und dauerhaft. Die Rückschläge wurden als Chancen vorhergesehen. Und jeder, der deinen Weg gekreuzt hat, tat dies in Erwartung der damit einhergehenden Wahrscheinlichkeiten; jeder wusste, was geschehen könnte, und vom Höhepunkt ihrer Brillanz äußerten sie ein gebieterisches »Ja!«.

Hilf anderen, dir zur Selbsthilfe zu verhelfen

Doch so wie du anderen Schmerzen bereitet hast, indem du gewankt und gestrauchelt bist und Fehler gemacht hast, so tun auch all jenen, die dir Ähnliches angetan haben, diese Interaktionen zutiefst leid. Sie bedauern, dass du leiden musstest. Allerdings handelt es sich auch bei ihnen um Interaktionen, die sie etwas haben erkennen lassen, das sie zuvor nicht sehen konnten. Umso mehr wünschen sich die Toten, denen zu helfen, die Kummer haben, oder eine Abfolge unglückseliger Ereignisse aufzuhalten oder ganz zu vereiteln, weil sie jetzt erkennen, was du noch nicht zu erkennen vermagst: wie einfach alles ist, wie stark

du bist und wie viel mehr das Leben denen zu bieten hat,
die die Vergangenheit hinter sich lassen.

Eine Abfolge unglücklicher Ereignisse

Falls du dich in einer Situation befindest, in der andere, ob
lebendig oder tot, dir unausgesetzt Schmerzen bereiten,
dann können die nachfolgenden Tipps dich in eine friedli-
chere, liebevollere und erfüllendere Umlaufbahn lenken.

Und täglich grüßt das Murmeltier
(ohne Bill Murray)

Halte dich nicht mit Vergangenem auf. Das lenkt dich ab
von allem, was sich in der Gegenwart ereignet. Außerdem
sorgt Rückwärtsgewandtheit dafür, dass jedes deiner nachfolgenden Leben vom Trauma dessen gefärbt ist, was irgendwann einmal gesagt oder getan wurde. Was negatives
Verhalten und negative Entscheidungen hervorruft und
somit noch mehr negative Manifestationen, das löst auch
negative Gefühle aus. Was man sät, wird man ernten. So
wie die Reichen reicher, die Armen ärmer und die Verbit-
terten noch verbitterter werden, weil sie immer noch mehr
Gründe für ihre Verbitterung finden. Wer sich mit dem
aufhält, was ihn einmal verletzt hat, der ruft immer nur
neue unschöne Überraschungen, neue Verluste, neue Ent-

täuschungen, ja, immer neue Gründe herbei, um verletzt
zu werden.

Überlasse Wiederholungen
den Fernsehsendern

Deine Genesung wird nur weiter gebremst und für die Manifestation unangenehmer Ereignisse gesorgt, wenn *deine
Konzentration auf die Vergangenheit* andere dazu veranlasst,
dich mit fehlgeleiteten Sympathiebekundungen oder nett
gemeinter Überaufmerksamkeit zu erfreuen. Damit bestätigen sie dir, dass das dir Zugestoßene wirklich schrecklich,
erschütternd oder widerlich war. Und dann geht es erst
richtig los. Wenn du mitspielst, sorgt all dieses vermeintliche Mitgefühl nur dafür, einen Irrglauben an deine Macht-
losigkeit, Verletzbarkeit und Opferrolle hervorzurufen oder
ihn gar zu untermauern. Das Entscheidende dabei ist jedoch, ob du überhaupt mitspielst.

Nun, da du im Begriff bist, deine Macht zu entdecken,
fragst du dich vielleicht: »Und was mache ich jetzt mit
meinem negativen Partner, meinen negativen Freunden
und Kollegen? Muss ich sie alle in die Wüste schicken?«
Natürlich nicht. Sie haben offensichtlich auch Qualitäten, sonst hättest du dich ja nicht mit ihnen angefreundet
und keine Beziehung aufgebaut, oder? Euch gefallen die
gleichen Filme, ihr lacht über die gleichen Witze, und ihr
habt im Wesentlichen Spaß miteinander. So korrumpier-
bar, wie du vielleicht fürchtest, bist du doch gar nicht.
Achte lediglich darauf, ihre Gedanken nicht zu den deinen zu machen. Gib nicht deine wichtigste und größte

Verantwortung auf: *eigenständig zu denken*. Du lernst das gerade. Deine inneren Kräfte festigen sich. Wenn es irgend geht, dann lass das negative Geplapper nicht an dich heran, und spiel möglichst nicht mit. Mach dir vor allem klar, und das ist das Wichtigste, dass das Jammern, Klagen und Lamentieren anderer dich nicht von deinem neuen Weg abbringen kann. Du bist jetzt nicht mehr zu bremsen und damit auf natürliche Weise eher positiv als negativ gepolt, du neigst zum Erfolg und bist ohnehin geboren, um zu gedeihen. *Olé!*

Der Kampf gegen Phantome

Gib den Versuch auf, andere zu heilen oder zu verändern, und zwar vor allem, wenn sie dir wehgetan haben. Du musst weder Entschuldigungen für ihr Verhalten finden noch lernen, »sie zu lieben«. Am meisten nützt es dir, so viel Raum wie möglich zu schaffen, in dem du genesen und dich ablenken kannst, und dein Leben mit neuen Freunden, Ideen und Abenteuern zu füllen.

Einstein hat einmal gesagt, dass Probleme nicht mit der Denkweise gelöst werden können, durch die sie entstanden sind. Das Gleiche gilt auch für Manifestationen und ihre zugrundeliegende Geisteshaltung. Statt sich in bereits Geschaffenem zu verheddern, ist es besser, die Aufmerksamkeit abzuziehen und etwas Neues zu erschaffen.

Kein Nein gilt für alle Zeiten. Du brauchst keine beeindruckenden Erklärungen abzugeben, was du tun oder nicht tun wirst oder wessen Gesellschaft du dir wünschst oder eben nicht wünschst. Leicht ist das nicht. Und du wirst dich natürlich weiterhin an bessere oder schlechtere vergangene Zeiten erinnern. Tu einfach dein Bestes; das ist immer genug. Und überlasse die Vergangenheit deinen Biographen.

Nichts Besonderes sein wollen

Wer nie ernsthaft verletzt wurde, setzt selbstverständlich voraus, dass jeder Mensch vor Herausforderungen steht, die er zu meistern hat – schließlich geht es ihm selbst ja nicht anders. Wer hingegen ernsthaft verletzt wurde, lässt sich leicht zu der Illusion verleiten, dass alle anderen ein mehr oder weniger »normales« Leben führen, relativ frei von Herausforderungen sind und nicht von den oft intensiven Zweifeln und Ängsten beeinträchtigt werden, die einen selbst quälen. Das veranlasst die Verletzten dann zu dem falschen Schluss, dass ihre Verletzung die Ursache für jedes Beben, für jede empfundene Unzulänglichkeit oder peinliche Unbeholfenheit ist, und verschlimmert ihre Qualen noch zusätzlich.

Wenn der ernsthaft Verletzte einen Blick auf die Weltsicht anderer werfen könnte, dann würde er total verblüfft feststellen, dass jeder Probleme hat, die den seinen in nichts nachstehen. Was natürlich die eigenen Verletzungen nicht weniger schrecklich oder ungewöhnlich macht. Natürlich haben sie sein Leben grundlegend verändert. Selbstverständlich wird die Schwere der Vergehen deshalb nicht gemindert. Doch ein Leben ohne Herausforderungen gibt es gar nicht. Und ob die Herausforderungen, vor denen jemand steht, nun für andere sichtbar sind oder nicht, ob sie größer oder kleiner sind als die, mit denen andere sich auseinandersetzen müssen, ändert nichts an der Tatsache ihrer Existenz. Wenn zwei oder mehr Menschen in einer gemeinsamen Herausforderung verstrickt sind, dann sind sie alle an ihrem Zustandekommen beteiligt. Was danach geschieht, geht allein auf dein Konto, deine Reaktion auf die Ereignisse und deine nachfolgenden Entscheidungen *sind allein deine Schöpfung*. Für dich ist es nicht so wichtig, das Warum und Wie deiner Verstrickung zu verstehen; entscheidend ist, dass du dir alles Gute, was aus der Interaktion zwischen dir und der anderen Person für dich erwächst, bewusst zunutze machst, um dein Leben weiter voranzubringen.

Möge die Legende beginnen

Das ist es, worüber du nachdenken solltest, wenn du von mittlerweile verstorbenen Menschen verletzt wurdest. Es tut ihnen leid, aber du brauchst dich nicht weiter im Schmerz zu suhlen oder noch mehr Zeit auf die Vergangenheit zu verschwenden. Es tut ihnen leid aus offensichtlichen Gründen, jedoch ebenso aus Gründen, die nicht so offensichtlich sind: weil sie dein Denken beschädigt haben, dich auf eine vergebliche Jagd geschickt und dir die Erkenntnis noch mehr erschwert haben, dass es »normal« ist, an sich zu zweifeln. Das tut jeder. Jeder fühlt sich manchmal unzulänglich, mangelhaft und unwürdig. Jeder hat Probleme; für das große Abenteuer des Lebens sind sie unerlässlich. Was auch für die Herausforderungen gilt, vor denen du gerade als Folge einer vorangegangenen Verletzung stehst. In ihnen liegt die Saat für die Träume, die dir bei ihrer Überwindung helfen und dich der Welt als mächtigen, wohlüberlegten Schöpfer zurückgeben. Du bist unverletzbar; du bist unbezwinglich. Und du wirst das schneller herausfinden als all die Menschen, die eine mit weniger Herausforderungen gespickte Geschichte aufweisen.

Den Schlüssel zu deiner Freiheit hältst du von Anfang an in den Händen. Du bist ein uralter Gladiator der Liebe und Freude, der die Gelegenheit zu einem Besuch auf der Erde ergriffen hat, um während dieser nachhaltig prägenden Jahre neues Denken zu entfachen, Lächeln zu verbreiten und andere zu unterstützen, damit auch sie entdecken, dass sie so fantastisch sind wie du.

Du bist aus den alten Glaubenssätzen herausgewachsen, die dir früher einmal tröstliche Entschuldigungen geliefert haben. Sie müssen abgelegt werden wie ein Kokon, damit der Schmetterling zutage treten kann.

Freundliche und krause, jedoch einschränkende Überzeugungen

1. Die Zeit verfliegt; vielleicht habe ich nur eine einzige Chance, um alles ins Lot zu bringen.
2. Gute Gelegenheiten klopfen nur einmal an die Tür.
3. Der frühe Vogel kriegt den Wurm.
4. Ich muss mich vor dem Bösen in Acht nehmen.
5. Das Glück (oder sein Fehlen) ist ein unkontrollierbarer Bestandteil jeden Lebens.
6. Wir entscheiden nicht allein über unsere Zukunft.
7. Das Leben ist eine Prüfung, danach sterben wir.
8. Es gibt böse Menschen auf der Welt.
9. Zufälliges und Unvorhersehbares ereignet sich in jedem Leben.
10. Ich hätte mehr aus mir machen können, wenn mir das nicht zugestoßen wäre.

Konstruktive Überzeugungen

1. Zeit und Raum bereiten die Bühne für lebenslanges kreatives Schaffen.

2. Gute Gelegenheiten hören nie auf, an die Tür zu klopfen.

3. Für alle Vögel sind ausreichend Würmer vorhanden.

4. Es gibt nur das Böse, das zu sehen ich mich entscheide.

5. Ich selbst erschaffe mein Glück und mein Unglück; meine Gedanken werden Dinge.

6. Das Universum konspiriert um meinetwillen und will für mich, was ich mir für mich wünsche.

7. Das Leben ist Bestandteil eines nie endenden Abenteuers.

8. Jeder tut sein Bestes und meint es gut.

9. Jede Situation transportiert Sinn, Ordnung, Heilung und Liebe.

10. Alles, was mir zustößt, macht mehr aus mir.

Lass die Suche nach Schuldigen sein – bereite dich vor auf den Start

Mit zunehmendem Verständnis taucht auf deinem Radarschirm etwas Neues auf, dem eine gewisse Ironie nicht abzusprechen ist:

Vergebung ist nur erforderlich, wenn zuvor Schuld vorhanden war.

Die zweite Lüge bedarf der ersten. Hörst du auf, bei deinen Mitmenschen die Schuld zu suchen, erübrigt sich die Vergebung.

Bei anderen die Schuld zu suchen bedeutet, du hast noch nicht verstanden, dass du selbst deine Wirklichkeit erschaffst. Ein solcher Schwachpunkt kann dich deine Macht kosten, die jedoch die Voraussetzung dafür ist, dass du heute und in Zukunft selbstbestimmt leben kannst. Er hält dich davon ab, die Verantwortung dafür zu übernehmen, dass du selbst den Rest deines Lebens gestaltest. War es bisher möglich, dass jemand in deinem Leben nach dem Zufallsprinzip Chaos und Verwüstung angerichtet hat – denn darauf lässt eine Schuldzuweisung schließen –, dann kann es jederzeit wieder geschehen! Wenn es Schuld gibt, dann gibt es auch die Überzeugung, dass guten Menschen völlig grundlos Böses widerfährt. Doch daran möchtest du nun nicht mehr glauben!

Es ist kein Wunder, dass Vergebung in unserer heutigen Welt eine so große Herausforderung darstellt, denn wir halten Illusionen für wirklich und meinen, dass die Umstände uns nach dem Zufallsprinzip Schaden zufügen können. Doch das ist nicht der Fall. Nichts kann das. Nicht einmal du. Die Verstorbenen wollen, dass du die ganze verfahrene Situation von Anfang an links liegenlässt und für alles die Verantwortung übernimmst. Wenn du mit der Zeit klarer siehst und deiner Macht besser vertraust, dann wirst du tief in deinem Inneren erkennen, dass jeder dein Freund ist, alles dich wachsen lässt und nur der Himmel die Grenze für alles ist, was du noch erreichen kannst.

Wirklichkeitsprüfung

Falls dich dieses Kapitel besonders anspricht, weil du Schmerzen als Folge früherer Traumatisierungen und Verletzungen erdulden musstest, und du dich jetzt nicht entscheiden kannst, in welche Richtung du dich wenden sollst, dann mach dir bewusst, dass nichts von dem, was du jetzt hier liest, deinen Peiniger freisprechen will. Andere Menschen zu quälen ist nicht akzeptabel. Du hast das Geschehene nicht verdient. Und jeder deiner Peiniger wird eines Tages in deine Schuhe schlüpfen müssen. Über diese Zusammenhänge wurde bereits an früherer Stelle in diesem Buch gesprochen, und weil sie so wichtig sind, werden wir uns auch später noch einmal mit ihnen befassen. Betont sei: Wer dich verletzt hat und weitergezogen ist, bedauert sein Tun. Er will, dass du es weißt. Er will, dass du dein Leben wieder lebst.

Deine früheren Peiniger wollen dich wissen lassen, dass es in Ordnung ist, das Leben, den Fortschritt und dich selbst zu lieben und nach besten Kräften auch diejenigen, die dich vielleicht noch immer quälen. Nicht weil sie es verdienen, sondern weil du es verdienst. Indem du deine Peiniger freisprichst, erhältst du die Macht zurück, die dir zusteht. Deine Peiniger von gestern, heute und morgen haben sich in ihrer eigenen Verwirrung und in ihrem Kummer verloren. Sie sind nicht ausgezogen, um dich zu verletzen, sondern um irgendeinen Sinn in einer Welt zu finden, die ihnen ihrerseits Schmerzen zufügt. Deine früheren Gedanken – ob von Verwirrung oder Liebe geprägt – in Verbindung mit den ihren sind der Grundstein eurer Lektionen. Du hast festgestellt, was dir nützt, und sie haben herausgefunden, was ihnen dient. Ihr beide habt einander diese Möglichkeiten der Erkenntnis eröffnet.

Deine Peiniger zu lieben heißt nicht, dass du bei ihnen bleiben, sie heilen oder ihnen gar sonderliche Aufmerksamkeit schenken sollst. Sie zu lieben kann auch bedeuten, dass du sie bei der Polizei anzeigst, ihnen vor Gericht gegenübertrittst oder ihr Lehrer wirst, auch wenn dies aus der Distanz oder durch andere geschieht. Es heißt, sich daran zu erinnern, dass sie, wie du, ihr Bestes tun, und dass ihr beide eben erst herausfindet, was funktioniert und was nicht.

Großes wird größer

Im Leben geht es *nicht* nur darum, schwierige Lektionen zu lernen; die zurückliegenden beiden Kapitel waren die schwersten. Jetzt folgen leichtere und glücklichere. Du selbst hast dir deinen Teller so vollgeladen, erinnerst du dich? Die Zuckergussvariante war dir nicht genug. Davon abgesehen quellen auch die schweren Kapitel über vor aufregenden Möglichkeiten, wenn man sie mit offenen Augen liest und sieht, was sie zu bieten haben. Mit ihrer Hilfe kann man die veralteten Vorstellungen zu Grabe tragen, die einem bislang den Wind aus den Segeln genommen haben.

Du hast dich nicht dafür entschieden, der Mensch zu sein, der du jetzt bist, *nur* damit du in die Mangel genommen wirst. Du bist hergekommen, um zu entdecken, um zu spielen und zu schwärmen; um wunderbare Freunde zu haben, Händchen zu halten und um jemandem Geheimnisse ins Ohr zu flüstern; um Gipfel zu erklimmen, auf Wellen zu reiten und um in die sternenklare Nacht zu blicken. Du willst deine Ecke der Welt mitreißen. Du bist nicht für Halbheiten gekommen. Du wusstest schon vorher, dass dich manche Umstände zum Weinen bringen würden, dass du manchmal alles hinschmeißen und den einen oder anderen am liebsten erwürgen würdest. Doch dir war auch klar, dass solche Momente ein geringer Preis für deine Reise wären, für deine neu entdeckte Macht und die Liebe, die du mit anderen teilst.

Außerdem ging es dir auch nicht darum, dich nur mit Freunden zu umgeben, die dich bewundern; du wolltest auch Führer, Helfer und Lehrer. Du wolltest nicht langsam lernen; du hast das Turboprogramm gewählt. Du bist ein Geschöpf der Liebe, das seine Artgenossen anzieht. Doch in Anbetracht der Tatsache, dass wir uns in den Jugendjahren des Planeten befinden, wissen die meisten noch nicht, wer sie wirklich sind oder wie sie mit all ihrer Macht umgehen sollen. Um dies zu überwinden, helfen wir einander; und das bedeutet, dass wir einander manchmal piesacken, in die Wade kneifen oder schubsen.

Im Augenblick gibt es vielleicht noch mehr Löwen, Tiger und Bären, doch die werden weniger, je mehr deine Weisheit zunimmt. Manche hören vielleicht auf den Namen John, Pedro oder Lukas oder auch auf Susi, Aisha oder Olga. Aber sie *müssen* sich nicht wie Raubtiere verhalten. Nicht, weil Leiden der Preis von Größe ist, weil Gutem Schlechtes folgen muss oder weil man nur anhand von Fehlschöpfungen lernt, wie gemeinsames Schaffen geht. Nicht weil du gebrochen bist oder versagt hast, sondern weil du groß bist und noch größer wirst. Und nicht weil du echte Feinde haben wirst, sondern weil du wahre Freunde finden willst: spirituelle Riesen, die dich so sehr lieben, dass sie deinetwegen für die Dauer eines ganzen Lebens als Ignoranten in den Untergrund gehen, nur um dir behilflich zu sein zu ergründen, wer du bist.

Von einem geliebten Verstorbenen

Liebste Lauren!
Ich weiß nicht, wie ich anfangen soll … »Es tut mir leid« handelt zu sehr von mir. Und es zieht nicht einmal annähernd in Betracht, was du ertragen musstest.
»Danke« erscheint mir auf groteske Weise unangemessen. Als ob ich irgendetwas erhalten und nicht mir einfach genommen hätte.
Du hast mich geliebt und wolltest eigentlich nur wiedergeliebt werden. Doch ich habe deine Liebe nicht nur benutzt, um mir Zugang zu deinem Herzen und Leben zu verschaffen, ich habe auch deine Zweifel und Ängste ausgenutzt. Ich habe dich gegen dich eingesetzt.
Lauren, wie erbärmlich das auch klingen mag, aber ich hatte bisher keine Ahnung, wie zutiefst unwissend ich war und welches Chaos ich mit meiner Ignoranz angerichtet habe. Und was noch schlimmer ist, ich erkenne jetzt, wie der Schaden, den ich verursacht habe, auch nachdem ich aufgehört hatte, dich irgendwie zu benutzen, dich dazu veranlasst hat, dir Vorwürfe zu machen, dich zu hassen und irrtümlich anzunehmen, dass dir die Welt grausam und unfair mitspielt. Deshalb konntest du die Liebe, die vielen Möglichkeiten und die Schönheit nicht mehr wahrnehmen, die immer und überall sind.
Ich dachte, jeder muss mit Verletzungen klarkommen, die das Leben einem zufügt, verstehst du? Jeder muss leiden. Wenn du diese Verletzungen nicht durch mich erfährst, dann eben durch jemand anderen. Wenn ich nicht die Oberhand beanspruchte, dann würdest du es tun. Und ich dachte, solange ich selbst verletze, bleibe ich selbst verschont.
Jedes Kind, das lügt, wird irgendwann erwischt, und letztlich kommt die Wahrheit immer ans Licht.
Ignoranz ist die Plage der Zeit, in der wir leben. Sie liegt allem Bösen zugrunde. Doch in diesem Garten Eden, in dem die Hoff-

nung nie erlischt, sind wir alle von Gott, und nichts wird vergeu-
det. Die Ignoranz ist wie ein minderwertiges Spinnennetz, das
uns vorübergehend bezwingt und aneinander fesselt. In diesem
Netz werden der Peiniger und sein Opfer in gemeinsamen Lektionen zusammengeschnürt, bis sie durch Mitgefühl und Verständnis ausreichend starke Muskeln entwickeln, um sich zu
befreien. Dann tritt Liebe zutage, und Flügel breiten sich aus, um
uns ins Licht zu heben.

Es ist wunderschön hier, Lauren. Alles hier ist Liebe, Frieden,
Zustimmung und vor allem Verständnis. Gott ist so groß. Ich zö-
gere, es dir zu sagen, weil du es bestimmt als ungerecht empfindest, aber ich lerne, glücklich zu sein. Wirklich glücklich. Ich bekomme eine neue Chance, noch einmal zu leben. Zu lieben und
geliebt zu werden. Jeder bekommt diese Chance. Denn genau
darum geht es. Fehler sind nur Trittsteine auf einem Weg, der zu
mehr Wahrheit und somit zu mehr Glück führt.

So wahr wie meine Trauer über mein früheres Denken und Verhalten ist – und die schlimmen Auswirkungen auf dich –, umso
größer ist meine Liebe zu dir. Größer, als du je spüren konntest!
Größer als zum Zeitpunkt unseres ersten Kennenlernens. Größer
als das höchste irdische Hoch. Größer, weil mich die Demüti-
gung durch deine Größe größer gemacht hat. Ohne dich wäre ich
noch immer verloren.

Bitte, Lauren, du hast noch Zeit. Du bist stärker, als du denkst.
Nimm die Liebe, all die Möglichkeiten und die Schönheit wieder
wahr. Sie umgeben dich. Du trägst noch immer alles in dir, was
du brauchst, um alles, was du willst, in der Welt zu schaffen.
Deshalb bist du noch dort.

Es tut mir leid. Ich danke dir. Ich werde dich immer lieben.

Jackson

Weise werden

Diejenigen, die in deinem Leben in Erscheinung treten, tun dies aufgrund einer unsichtbaren Anziehung, die von dir ausgeht, und aufgrund deines stillschweigenden Einverständnisses. Sie haben die gleiche Ausrichtung, die gleichen Überzeugungen und die gleiche Vibration wie du oder ergänzen mit den ihren die deinen. Sie brauchen dich, um ihre Prophezeiungen zu erfüllen, ebenso sehr wie du sie. Sie sind deine Lehrer, nicht weil sie weise sind, sondern weil *du* weise werden willst. Vergib ihnen so, wie du dir vergeben würdest. Oder noch besser: Verstehe sie und nimm dir die Freiheit, das Beste aus deinem Leben zu machen. Wie du im nächsten Kapitel sehen wirst, brauchst du bloß zu nicken.

Kapitel 6

Deine Träume werden wirklich wahr

Inzwischen bist du ja geübt darin, dir die Wahrheit zu erschließen, also denke doch einmal über folgende Fragen nach: Wenn es im Leben nur ums Überleben geht, wie erklärt sich dann deine Vorstellungskraft? Wenn es nur darum geht, Opfer zu bringen, wieso gibt es dann Verlangen? Wenn es nur um Denken, Reflektieren und das Ätherische geht, was soll dann die physische Welt? Einleuchtende Fragen, nicht?

Und noch eine Frage: Wenn du die Augen und Ohren Gottes bist, könntest und würdest du nicht einen Ort erträumen, der Pandora im Film *Avatar* den Rang abläuft? Einen Ort des Abenteuers und der Intrige, der vor Harmonie und Liebe schier birst, an dem du mit den Tieren sprechen und mit dem Planeten eins sein kannst, während du die Kunst meisterst, deinen Geist über die Materie triumphieren zu lassen? Das würdest du mit Sicherheit!

Willkommen zu Hause! Planet Erde! Großartig! Ohne Frage ist er der aufregendste Ort in deiner Ecke des Universums. Mit mehr als hundert Millionen unterschiedlichen Spezies, die Luft, Land und Ozeane bewohnen und von denen jede ihre ureigenen Eigenschaften aufweist. Und dann gibt es noch dich am oberen Ende deiner selbstdefinierten Nahrungskette. Du darfst über alles herrschen, hast die Freiheit, zu denken, und somit die Möglichkeit, zu erschaffen, was du willst. Und du hast Träume, die dich daran erinnern, was möglich ist; wie weit du noch kommen kannst, was du sein oder haben kannst.

Erkennst du denn nicht, dass du in dieser Bastion der Vollkommenheit, in dieser Oase unter den Sternen, die *du* erdacht, entworfen und errichtet hast, *dass du darin von Natur aus zum Erfolg neigst?* Mit deiner Standardeinstellung im Hinblick auf Gesundheit, Freunde, Fülle und alles Gute? Ist dir noch nicht aufgefallen, dass du in neun von zehn Fällen bekommst, was du dir zum Ziel gesetzt hast? Und dass das eine Mal, wenn du nicht erfolgreich bist, Bestandteil deiner Lernaufgabe sein könnte? Die von uns gegangen sind, erkennen besser denn je, dass Träume wirklich wahr werden können – und dieses Wissen macht wohl den großen Unterschied.

Ignoranz, ehedem ein Segen

Ignoranz ist in der Welt nach wie vor fest verankert: Wir huldigen Götzen, durchsetzen unsere Gebete mit Fragen, sprechen Gott an, als würde er irgendetwas entscheiden, glauben daran, dass wir uns auf Felsen, nicht jedoch auf unsere Vorstellungskraft verlassen können. Tatsächlich hast du selbst auf dem Höhepunkt deiner planetaren spirituellen Ignoranz schon immer mehr getan, als nur dein Überleben zu sichern!

Vor nur zweihundert Jahren bedeutete ein modernes Zuhause in New York ein Stockwerk, zwei Zimmer, holzverschalte Wände, ein festes Dach und eine nicht zu weit entfernte Außentoilette. Heute kann ein Zuhause eine palastartige Wohnung im hundertsten Stockwerk eines Wolkenkratzers sein, der mit Marmor, Glas und Bambus verkleidet und mit Annehmlichkeiten ausgestattet ist, die man sich vor zehn Jahren noch nicht einmal vorstellen konnte.

Vor nur hundert Jahren dachte der größte Teil der Welt, dass das Fliegen den Vögeln vorbehalten ist, und doch haben wir jetzt eine Weltraumstation.

Vor zehn Jahren haben die Leute noch MySpace genutzt.

Kein Wunder, dass Versprechungen wie »Träume werden wahr« überall auf der Welt zum Bestandteil des Volksmunds gehören – nicht nur in den Geschichten, die wir erzählen, sondern auch in den Leben, die wir führen, und in den Menschen, die wir idealisieren. Du hältst dich auf in Zeit und Raum, um zu gedeihen. Es ist dir in die Wiege gelegt und unvermeidlich, sobald du wirklich weißt, dass dies die Wahrheit ist!

Wunschdenken? Tatsächlich?

Hast du in deinem Leben bisher nicht viel öfter gelächelt, statt die Stirn zu runzeln? Viel öfter gelacht, statt zu weinen? Hast du nicht viel öfter klargesehen, statt dich verwirrt zu fühlen? Hattest du nicht viel häufiger Freunde, statt einsam zu sein? Hast dich in der Regel deiner Gesundheit erfreut, statt krank zu sein? Warst viel öfter liquide, statt in roten Zahlen? Eines der wiederkehrenden Themen in diesem Buch ist deine Neigung zum Erfolg, und in diesem Kapitel wirst du nun langsam erkennen, wie und warum. Dabei geht es um mehr als nur um eine Betrachtungsweise des Lebens – es geht um deine Wirklichkeit.

Nur zu, begehre alles. Dazu ist es ja da.

Du versetzt in Erstaunen

Selbst wenn alle Lichter gelöscht sind und die Leute noch immer darauf beharren, an Schicksal, Glück und Karma als die entscheidenden Faktoren auf ihrer Reise durchs Leben zu glauben, sind dennoch Erfolg, Gesundheit und Freude die Regel, und wunderbarer Fortschritt ist auf den Weg gebracht. Doch warum wird das Offensichtliche nicht gesehen? Wir erkennen die Wahrheit nun eben erst, wenn wir dazu bereit sind. Selbst wenn die Beweislage noch so eindeutig ist. Derzeit glauben wir mehrheitlich daran, dass das Leben schwer und die Menschheit böse ist. Folglich sehen wir genau das, auch wenn diese Wahrnehmung ihren Ursprung in unserer Konzentration auf Ausnahmen hat anstatt in der Norm. Doch die Neigung unseres Bewusstseins zu Wachstum und Gedeihen ist so ausgeprägt, dass wir erfolgreich sind, obwohl wir uns selbst im Weg stehen.

Die Verstorbenen wollen dich wissen lassen, dass du geboren wurdest, um dich emporzuschwingen, um etwas zu erreichen und zu wachsen. Und damit meinen sie nicht hin und wieder, sondern sie wollen zum Ausdruck bringen, dass dein Drang zu Wachstum ein ebenso bedeutender Bestandteil deines Wesens ist wie dein Bedürfnis, zu essen, zu trinken und dich zu vermehren. Vor allem deshalb bist du gekommen. Du bist hier, um dein Leben in Fahrt zu bringen! Träume setzen Abenteuer frei, öffnen die Tür für Herausforderungen, die Wachstum ermöglichen. Und Herausforderungen sind dabei keineswegs ein Hinweis auf Schwäche, sondern bestätigen vielmehr, dass dein Traum deiner würdig ist. Herausforderungen sind irgendwann gemeistert; was wir aus ihnen gelernt haben, bleibt uns hingegen für immer.

Weiterrollen, aufsteigen, abheben

Ob du dir überhaupt vorstellen kannst, was alles möglich ist, sobald du deinen Hang zum Erfolg und die Mechanik seines Funktionierens verstanden hast? Kannst du erkennen, wohin sich die Dinge entwickeln? Du bist doch bereit? Du bist motiviert? Du hast doch genug gelitten, genug entbehrt, genug geschwitzt und genug geweint, oder? Du kannst doch auch erkennen, dass dir deine frühere Schusseligkeit, allen dadurch verursachten Schmerzen zum Trotz, den Weg geebnet und dir das Erwachen ermöglicht hat, das sich gerade einstellt?

Sobald die Jalousien hochgezogen und die Überzeugungen losgelassen sind, können alle sehen, was von Anfang an da war: Auf unserem reichen Planeten ist für alle genug von allem vorhanden, Gelegenheiten ergeben sich immer wieder neu, man muss einfach nur vor Ort sein! Das Leben ist leicht, die Menschen sind großartig, und wann immer dir missfällt, wo du bist, was du hast oder wer du geworden bist, kannst du es verändern. Denn bereits durch deine Anwesenheit in diesen geheiligten Sphären gehörst du zum Kreis der Gewinner. Welche Gebühren es irgendwann einmal zu begleichen gab, sie wurden längst bezahlt. Hier, jetzt, heute wirst du in jedem Augenblick zur Größe gedrängt. Das System ist zu deinen Gunsten angelegt – es ist an der Zeit, aufzuwachen und zu leben.

Deine Gedanken sind mehr als krause kleine zarte Geschöpfe. Sie sind zuständig für die Aufrechterhaltung des Lebens, wie du es kennst. Sie sind die Gestaltwandler von Zeit und Raum, göttliche Kleinstteile, die sich am liebsten mit einer Intelligenz gleicher Bauart zusammentun. So wie Wasser unter bestimmten Umständen verdampft, wie Feuer sich entzündet und Kontinente sich verschieben, so sind deine Gedanken bestrebt, sich in Objekte, Ereignisse und Mitspieler deines Lebens zu verwandeln. Sie füllen die von deiner Vorstellungskraft geschaffenen Formen mit Menschen, Orten und Dingen. Wenn du deine Aufgabe erfüllst, dann erfüllen sie die ihre. Du kannst alles haben, was du dir wünschst.

Jeder darf fröhlich denken, wie er will. Und was noch besser ist: Deine positiven Gedanken manifestieren sich mit zehntausend Mal größerer Wahrscheinlichkeit als die negativen. Stell dir nur vor! Dein Leben ist der Beweis, das haben wir ja gerade gezeigt. Wie sonst könntest du die Tatsache erklären, dass du dir einen Haufen Sorgen machst, dich oft auf etwas konzentrierst, das nicht in Ordnung ist, und du dich trotzdem mehr an verwirklichten Träumen erfreuen darfst, als du dich vor Alpträumen fürchten musst? Du bist übernatürlich und grenzenlos wie eine Flutwelle der Liebe und Freude, die durch die Ewigkeit rollt und nur mal kurz in Zeit und Raum eingetroffen ist, um diese Ebene auszuprobieren. Nichts kann verändern, wer du wirklich bist – nicht ein schlechter Tag, eine schlechte Woche oder ein schlechtes Jahr; kein Rückschlag, kein Kummer und keine Verletzung. Du wirst weiterrollen, aufsteigen und abheben: So bist du beschaffen. Für dich gibt es kein »Vielleicht«, »Weiß nicht« oder »Hoffentlich«. Du bist nicht zu bremsen, bist vergnügt und geboren, um erfolgreich zu sein – reine, ewige göttliche Energie. Das wollten die Toten dir erzählen, damit du tun kannst, wozu du hierhergekommen bist: um dein Leben zur Gänze auszukosten.

Die wunderbare Mechanik
der Manifestation

Selbstverständlich gibt es Schritte, denen die Mehrzahl aller physischen Manifestationen folgt. Ihre Mechanik mit Bedacht in Gang zu setzen beginnt mit der Kenntnis dieser Mechanik. Übung ist erforderlich, um auf der Basis der erworbenen Kenntnisse folgerichtige Ergebnisse zu erhalten. Zu wissen, dass du niemals allein bist, ist entscheidend für diesen Prozess. Dir stehen ein fürsorgliches Universum und unterstützende Prinzipien zur Seite – und zwar nicht zufällig, sondern gewollt. Sie sind wertfrei, neigen dir aber dennoch zu, weil sich dies in Übereinstimmung mit dem gesamten, keineswegs neutralen Universum befindet. Es geht um dich; du wirst vergöttert; du bist Gott, der mehr aus sich macht und hier ist, um freudig erfolgreich zu sein.

Dein Anteil, den du beim Herbeiführen einer Veränderung leisten musst, ist der einfachere. Es sind lediglich zwei Schritte erforderlich, um metaphysische Energien zu entfesseln und die entsprechenden Gesetze in Gang zu setzen. Diese beiden Schritte bewirken, was andere vermutlich als Wunder, Glück, Schicksal, göttliche Intervention oder auch als günstige Umstände bezeichnen würden. Wenn du also diese beiden Schritte tust und dranbleibst, bis sich Resultate zeigen, und nicht über die Nuancen stolperst, die ich nachfolgend benennen werde, dann wird dein Königreich kommen. Doch diese beiden Schritte *musst* du tun, auch wenn es dir so scheint, als wärst du dabei ganz allein auf dich gestellt, als geschehe nichts und als stünden die Chancen ganz und gar nicht gut.

Schritt 1: Lege fest, wie dein *Endergebnis* aussehen soll.

Stell dir gedanklich vor, dass du das, was du dir wünschst, bereits geworden bist, bekommen oder getan hast. Male dir dabei nicht aus, wie dies geschieht. Kümmere dich nicht um die Logistik. Beschäftige dich nicht mit dem Prozess; stell dir nur das Endergebnis vor.

Schritt 2: Sei da, jeden Tag, und bewege dich in die Richtung deines Traums.

Tue konkret in einem ganz physischen Sinn etwas in dem dir möglichen Maß. Es geht dabei um Babyschrittchen. Sie erscheinen uns immer sinnlos. Du träumst vielleicht von Champagner und Kaviar, musst aber den Bus zu deinem Vorstellungsgespräch im Einkaufszentrum nehmen. Mach die Babyschrittchen trotzdem. Deine Zweifel, ob du dich auch wirklich auf dem richtigen Weg befindest, spielen keine Rolle; möglicherweise bist du ja tatsächlich auf dem falschen Weg. Mach die Babyschrittchen trotzdem. Wenn du gar keine Vorstellung davon hast, in welche Richtung du dich bewegen willst, dann bewege dich in irgendeine beliebige Richtung.

Deine Gedanken besitzen ihre eigene Energie und Lebenskraft. Sie umkreisen die Requisiten, Mitspieler und Umstände deines Lebens wie Marionetten, nehmen dich für die sogenannten Zufälle und glücklichen Umstände ein. Sie führen dich in eine Welt, die letztendlich übergangslos und allmählich widerspiegelt, was du dir ausgedacht hast. Doch wenn du nur passiv zu Hause mit deiner Traumcollage auf dem Sofa sitzt und wartest, dann können keine Zufälle und glücklichen Umstände eintreten. Aus diesem Grund musst du physisch für deine Träume aktiv werden, nicht um selbst die Punkte einzuheimsen oder um den schweren Teil der Aufgabe zu übernehmen, sondern um für die Magie des Lebens erreichbar zu sein. Es spielt nur selten eine Rolle, was genau du tust; eine Welt mit neuen Möglichkeiten kommt auf dich zu, weil du *etwas* getan hast.

Wie GPS-Navigation

Vielleicht erfasst du das soeben beschriebene Prinzip sogar noch besser, wenn wir es mit der GPS-Navigation vergleichen. Sie ist in Autos und Smartphones eingebaut und funktioniert exakt wie Träume, die sich verwirklichen.

Schritt 1: Gib dein Ziel in das Gerät ein (dein Endergebnis).

Weil das Gerät bereits Kenntnis davon hat, wo genau du dich aufhältst, weiß es, sobald du dein Ziel eingibst, *wie* du es erreichen kannst. Ja, innerhalb von Sekundenbruchteilen zieht es jede Straße in Betracht, die dir zur Auswahl steht. Es berücksichtigt Geschwindigkeitsbegrenzungen, Ampeln, Vorfahrtsstraßen, Einmündungen und oft sogar Baustellen. Und erstaunlicherweise kennt das Gerät dann in Sekundenbruchteilen die kürzeste, schnellste und beste Route. Aber Achtung: Anweisungen erteilt es dir erst, wenn du auch den zweiten Schritt tust.

Schritt 2: Leg den Gang ein und fahr los.

Wenn du den Gang nicht einlegst, dann läuft zwar der Motor, aber du sagst dem Auto praktisch: »Nein, noch nicht. Ich bin noch nicht bereit.« Auch wenn dir nicht bewusst ist, dass du diese Mitteilung machst, wird dich das

Auto nicht befördern, denn ihm zu sagen, wohin du willst, und es dann nicht losfahren zu lassen, ist ein gewaltiger Widerspruch. Die gleiche Situation begegnet dir im Leben, wenn du Träume hast, dein Handeln aber nicht auf sie abstimmst. Sobald du im Auto den Gang eingelegt hast, tritt das gesamte System in Aktion, verfolgt deinen Fortschritt, findet für dich, falls erforderlich, eine neue Route und nimmt dich gleichsam an der Hand, bis du dein Ziel erreicht hast. Solltest du nicht den direkten Weg wählen, weil du vielleicht gerade von der Musik im Radio abgelenkt wirst, dann berechnet das System die Route für dich immer wieder neu, aktualisiert fortlaufend den besten Weg und bittet dich, wenn nötig, vielleicht sogar, bei der nächsten Gelegenheit zu wenden. Weder in einem geparkten Auto noch in einem geparkten Leben erhältst du auf die beschriebene Weise Führung und Korrektur.

Die Wunder des Fortschritts
sind unsichtbar

Fast immer sind die Wunder des Fortschritts unsichtbar, was jedoch nicht bedeutet, dass sie nicht geschehen.

Wenn du dich aufmachst, dein Leben zu verändern – oder, um beim Bild zu bleiben, einen neuen Freund zum ersten Mal drei Stunden entfernt mit Hilfe deines GPS-Systems bei sich zu Hause zu besuchen –, wann im Verlauf der Reise wird dir bewusst, dass jedes Abbiegen nach rechts oder links auf wundersame Weise genau richtig war?

In den allerletzten Sekunden, bevor du dein Ziel erreichst!

Kannst du dir vorstellen, welch ein Hohn es wäre, wenn du nach zwei Stunden und fünfundfünfzig Minuten zu dem Schluss kämst: »Bei mir klappt das nicht … Ich muss irgendwelche unsichtbaren, mich einschränkenden und sabotierenden Überzeugungen haben. Ich glaube, ich fahre lieber wieder nach Hause und schaue Fernsehen.« Nein! Es klappt auch bei dir! Immer! Jeden Tag kommst du deinem Ziel näher; jeden Tag wird es leichter! Diese Schlussfolgerungen sollten stets deine Vorgehensweise prägen, auf jeder Reise. In dem Augenblick, wenn du behauptest, dass dieser Mechanismus nicht funktioniert, stellt das System seinen Betrieb ein. Sobald du behauptest, dass es schwer geht, geht es schwer. Das Universum, dein größeres Selbst, hört dich. Deine geäußerten Zweifel werden zu deinem neuen Endergebnis. Das Universum urteilt nicht; es reagiert lediglich. Du kannst ihm nicht an einem Tag ankündigen: »Ich werde Rockstar!«, und am nächsten Tag machst du einen Rückzieher und sagst: »Nö, daraus wird ja eh nichts.« Die beiden gegenteiligen Endergebnisse prallen aufeinander und löschen einander. Ja, du neigst noch immer zum Erfolg. Doch warum musst du es dir schwerer machen als nötig, wenn ein kleiner Perspektivwechsel und ein paar Worte so mächtig zu deinen Gunsten wirken können?

Die Nuancen

Räder rollen im Allgemeinen nicht den Berg hinauf, Feuer verbrennt kein nasses Holz, und Träume haben es schwer, wahr zu werden, wenn ihre Verwirklichung abhängig gemacht wird von …

1. bestimmten Wegen (die verflixten Wies),
2. bestimmten Menschen (die verflixten Wers),
3. bestimmten Details.

Bestimmte Wege

Manchmal kann man auch damit durchaus erfolgreich sein, doch bei der Verwirklichung deines Traums auf einem bestimmten Weg zu bestehen heißt, sich mit den verflixten Wies anzulegen. Du bürdest deinen Schultern die Last der Welt auf, erzeugst Stress, förderst Besorgnis, und, schlimmer noch, du setzt einem eigentlich uneingeschränkten Universum Grenzen. Einem Universum, das jeden deiner zigtausend einzigartigen täglichen Gedanken verfolgt, wie auch die Gedanken weiterer sieben Milliarden Mitschöpfer. Und alle diese Denker neigen nicht nur dazu, ihre Meinung zu ändern und ihr Leben aufgrund von wechselnden Prioritäten umzugestalten, sie haben auch Dutzende, wenn nicht Hunderte Träume, Sehnsüchte und Wünsche, die in jeder Sekunde zu neuen Bestandteilen der Gleichung werden. Deshalb braucht das Universum Flexibilität und Freiheit wie jeder andere auch, der über einen Hindernisparcours voller beweglicher Parameter verhandelt. Sobald du also sagst: »Ich muss mein Vermögen mit dem Buch verdienen, das ich gerade schreibe«, knallst du allen anderen Möglichkeiten, zu Wohlstand zu gelangen, die Tür vor der Nase zu. Das bedeutet nicht, dass man nicht beides haben kann, doch sobald du X als den einzigen Weg zu Y siehst, begibst du dich auf dünnstes Eis, das unendlich weniger Wege zum Erfolg bietet.

Bestimmte Menschen

Auch hier gilt: Manchmal kann man damit durchaus erfolgreich sein, aber es ist einfach nicht möglich, bestimmte Menschen zu einem bestimmten Verhalten zu bewegen, es sei denn, sie lassen es zu. Deine bessere Hälfte, deine Geschäftspartner, Kunden, Klienten, Kinder, Eltern, Angestellten oder Arbeitgeber werden es nicht tun. Sie haben den gleichen eingebauten Schutz, über den auch du verfügst: In dein Leben, deine Optionen und deine Macht darf nicht eingegriffen werden, wie widersprüchlich das gelegentlich auch zu sein scheint.

Das hindert dich natürlich keineswegs daran, einen prima Arbeitgeber oder sonst wen zu haben; es bedeutet lediglich, dass du nicht auf einer bestimmten Person bestehen darfst. Überlasse die Wahl der *göttlichen Intelligenz*, die alle möglichen Paarungen kennt.

Als Vater oder Mutter oder auch als Arbeitgeber hast du die Verantwortung, das Verhalten von Menschen zu beeinflussen, die in dieser Konstellation deine Führung suchen und benötigen. Doch auch wenn du noch so hart daran arbeitest, dass sie sich in ihrem Verhalten an deinen Wünschen orientieren, gibt es dennoch keine Garantie, dass sie deinem Wunsch entsprechen werden. Dies solltest du erkennen und dein Glück deshalb nicht von ihren Entscheidungen abhängig machen.

Bestimmte Details

Details sind Nichtigkeiten; ungeachtet, worum genau es sich handelt, wie sexy, lustig und überzeugend sie auch sein mögen, sie sind absolut unbedeutend. Trotzdem wird dein Leben natürlich immer voller spannender Details sein. Doch wenn du auf bestimmten Details bestehst oder dich an Einzelheiten bindest, ob sie nun Bestandteil eines größeren Bildes sind oder nicht, dann musst du mit Stress, Einschränkungen und vielleicht sogar bitteren Enttäuschungen rechnen. Als Erstes solltest du verstehen, dass bestimmte Details für das große Vorhaben deines Seins relativ unbedeutend sind. Zweitens musst du wissen, dass diese Details, wenn sie zu fest mit bestimmten Abläufen und Menschen verbunden werden, möglicherweise die Manifestation als Ganzes gefährden.

Wie wir ja schon bei den bestimmten Wies und den bestimmten Menschen festgestellt haben, so gilt auch für die bestimmten Details, dass man *manchmal* mit ihnen erfolgreich sein kann. Insbesondere dann, wenn das Gewünschte in großen Stückzahlen vorhanden ist wie beispielsweise rote Rosen oder ein VW Käfer eines bestimmten Baujahrs und einer bestimmten Farbe. Dann stehen deine Chancen gut. Geht es hingegen um eine Goldmedaille bei der Olympiade, um die viele Sportler kämpfen, dann musst du dir Folgendes klarmachen: Gibt es eine Sache nur einmal, dann werden viele außer sich geraten, wenn sie ihr Glück genau daran festmachen. Es ist absolut überflüssig, Gegenständen größere Bedeutung beizumessen, nur weil sie selten sind, zumal es *dir* doch eigentlich darum geht, glücklich und gesund zu sein, mehr Liebe und Fülle in dein Leben zu holen, wovon für alle genug vorhanden ist.

Der Versuch, deine größeren Erfolge mit detaillierten Vorgaben zu managen, indem du zuerst Details sammelst, bedeutet, dass du dich mit den verflixten Wies einlässt. Lass sie los. Unser Gehirn ist zu klein und somit für diese Aufgabe nicht geschaffen. Ja, Details machen Spaß – du kannst auf jeden Fall an sie denken, sie dir ausmalen und dich an ihnen freuen –, aber beharre nicht auf ihnen, klammere dich nicht an sie. Diesen Rat zu beherzigen ist nicht schwer. Bleib einfach offen für noch Besseres, als du dir überhaupt vorstellen kannst. Belass es bei den Endergebnissen Glück, Gesundheit, Wohlstand oder bei anderen Zielsetzungen, die weitreichende Auswirkungen auf dein restliches Leben haben, ohne dich an isolierte Kleinigkeiten zu binden, die ohnehin zur rechten Zeit auf die richtige Weise auf dich zukommen werden.

Hier ein paar Ratschläge, wie du mit den verschiedenen Nuancen deinen Spaß haben kannst, ohne dich an sie zu binden:

Stell dir vor, dass du mit Bruno in deinem neuen roten BMW sitzt. Auf dem Rücksitz liegt ein Dutzend gelbe Rosen, und ihr seid auf dem Weg zum Flughafen von L.A., um nach London Heathrow zu fliegen, der ersten Station eurer Weltreise, mit der ihr die Eröffnung deiner neuen Fabrik in Mobile/Alabama feiern wollt. Doch während du dein Leben einfach weiterführst – bei sprichwörtlich eingelegtem Gang –, dich vor Ort sehen lässt und handelst, schließe andere Möglichkeiten nicht aus. Bleib offen. Klopfe an so viele Türen wie nur möglich. Fang ruhig an, ein Buch zu schreiben, oder mache eine Fortbildung, versuche dich als Immobilienverkäufer, werde Mitglied einer Partnervermittlung im Internet und höre nie auf, für die Magie und die Wunder des Lebens zugänglich zu sein, während du zugleich bei jedem Schritt deines Weges deine Stärken und Vorlieben berücksichtigst.

Am Ende sind es vielleicht nicht Bruno, London oder

die Fabrik. Möglicherweise sind es Richard, Rom und dein neues Yoga-Studio. Die Details sollen dir lediglich dein Endergebnis schmackhaft machen, sie sollen nicht dein Endergebnis *sein*. Binde dich an das Gesamtbild, an dein neues aufregendes Leben, gib alles andere preis und lasse dich immerfort vor Ort blicken.

Widerstehe der Versuchung, in den Apfel aus dem Paradies zu beißen, der immer nur als Bild für ein Verhalten gemeint war, das die Illusionen von Zeit, Raum und Materie ernster nimmt als den Ursprung. Iss nicht von der Frucht, indem du äußere Umstände aus dem Zusammenhang reißt, als ob du die Wege, Menschen und Details steuern müsstest, um zu erhalten, was du willst. Begib dich stattdessen nach innen zu ihrer Quelle: deiner Vorstellungskraft.

In die Irre geführt von den physischen Sinnen

Inzwischen hast du vermutlich durchschaut, dass jemand, der »das Leben schwer und die Menschen böse« findet, unbeabsichtigt eines seiner Endergebnisse formuliert (Schritt 1). Zwar wünscht sich dieser Mensch die Welt nicht so, wie er sie sich vorstellt, doch Wunsch oder Abneigung sind bei einer Manifestation keine Entscheidungsfaktoren. Entscheidend ist, dass die Gedanken gedacht (Schritt 1) und dann durch anschließende Handlungen untermauert werden (Schritt 2).

Ein Endergebnis durch Handeln zu untermauern bedeutet nicht, dass man einfach loszieht und es zu verwirklichen versucht. Manchmal sorgt auch dein begleitendes Verhalten dafür, dass sich eine Manifestation beschleunigt. Wenn du also daran glaubst, dass das Leben schwer und Menschen böse sind, dann begleitest du diese Einschätzung vielleicht, indem du Vorräte anlegst, die Türen absperrst und dein Herz verbarrikadierst. Zwar scheinen solche Vorsorgemaßnahmen das Böse abzuwehren, doch in energetischer Hinsicht laden sie es geradezu ein. »Wie man denkt, so handelt man« führt schließlich zu einem Anstauen von Energie und zum Entstehen einer Erwartungshaltung, und zuletzt werden dann genau die Gedanken Dinge, die man eigentlich gar nicht haben wollte. Nach einer solchen Manifestation fühlt sich dann so mancher in seiner negativen Sicht bestätigt und richtet sein Verhalten entsprechend aus – und schon ist ein neuer Zyklus entstanden.

Jedes Mal, wenn du dich künftig in die Welt hinauswagst, werden sich die Dinge eigens für dich so drehen, dass du sie als »schwer und böse« wahrnimmst. Selbst wenn du Grundlegendes in deinem Leben verändern würdest – dir einen neuen Arbeitsplatz besorgtest, umzögest, was auch immer –, die alte Weltsicht würde dementsprechend immer nur Schweres und Böses nach sich ziehen. Du würdest unerfreuliche Umstände und schwierige Menschen anziehen und dieses Sperrfeuer des Pechs wiederum als Beweis dafür sehen, dass »das Leben schwer ist und die Menschen böse sind«!

Es setzt extreme Achtsamkeit und Wissbegier voraus – und wahrscheinlich zahlreiche Enttäuschungen in Verbindung mit dem wachsenden Bewusstsein –, um zu erkennen, dass nicht jeder die gleichen Erfahrungen macht wie du, bevor du überhaupt auf den Gedanken kommst, dass du selbst es bist, der solche Unannehmlichkeiten anzieht (schließlich

bist du ja wirklich ein netter Mensch!). Kummer und Verlust veranlassen letztlich aber auch die dickköpfigste Seele,
sich nach innen zu wenden und sich zu fragen: »Was ist
hier eigentlich wirklich los?« Nach und nach könnte dies
zu der Erkenntnis führen, dass sie selbst – ihre Gedanken,
ihre Vorstellungskraft, ihre Gebete (ihr Nachdenken und
Sprechen über das, was sie will oder nicht will), ihre Sorgen, Erwartungen und Überzeugungen – womöglich die
Ursache ihrer Erfahrungen ist. Und dass sie folglich, wenn
sie etwas verändern möchte, bei sich selbst anfangen und
ihre Gedanken, ihren Glauben und ihre Erwartungshaltung überprüfen muss – auch dann, wenn die Welt dieser
Seele immer weiterhin zeigt, woran sie bisher dachte,
glaubte und was sie erwartete.

Die einzige Variable des Lebens

Jedes Leben ist eine Abfolge von durch Träume ausgelösten Reisen, die dich physisch hinaus in die Welt schicken
und aus denen zuerst Dinge und Umstände, dann Gefühle
entstehen. Du hast keine Kontrolle über die Tatsache, dass
du *bist*, dass du denkst, dass du erschaffst und dass du reist.
Doch du selbst entscheidest über deine Gedanken und damit über deine Ziele. Du gibst auf diesem Weg deinen Reisen Form und holst mehr von dem heraus, was sich gut
anfühlt, und weniger von dem Schlechten.

Was dich als Mensch ausmacht, lässt sich reduzieren auf
das, was du denkst, was dich wiederum zu dem führt, was
du fühlst. Bezeichne deine Gedanken als Entscheidungen,
Worte, Handlungen oder Intentionen – sie bleiben, was sie

sind. Mehr als Denken gibt es nicht; Gedanken sind die einzige Variable des Lebens – und zwar nicht, *dass* du denkst, sondern *was* du denkst. Du hast die Wahl, ob du deine Reise im Verlauf ihrer Entfaltung selbst und mit Vorsatz gestaltest oder ob du sie ohne eigene Absichten mit dir geschehen lässt. Du selbst entscheidest, ob du dein Boot steuerst, in dem sich dein Herz befindet, oder ob du es übers Meer treiben lässt.

Tanze deinen Tanz

Folge deinem Herzen. Darin liegt der Sinn und Zweck deiner Existenz. Du hast Sehnsüchte; gesteh sie dir ein. Höre auf sie. Entscheide dich, sie zum Leben zu erwecken. Deine Träume gehören dir aus gutem Grund: damit du sie verwirklichst! Tanze zu dem Rhythmus, den dein innerer Trommler schlägt. Tanze jeden Tag. Je früher du anfängst, desto früher findest du zu deinem Rhythmus in der Symphonie von sieben Milliarden anderen Tänzern. Und indem du deine Träume wählst und ihre Schritte lernst, denke daran, dass du mit jedem getanen Babyschrittchen die Chancen des Universums exponentiell vergrößerst, dich schneller und auf die von dir bevorzugte Weise zu erreichen. Auch wenn du nicht weißt, wie sich dein Traum verwirklichen wird, ja gerade dann, mache Schritte, sei aktiv, geh hinaus – jeden Tag. Du musst nicht wissen, wie. Du kannst nicht wissen, wie. Tu irgendetwas. Das Universum wird dich finden, Verbindungen zwischen Punkten werden hergestellt, und das Leben auf Erden wird sein wie im Himmel.

Von einem geliebten Verstorbenen

Bobbi, Julie, Timmy!!!
Ich bin hier!! Eure Mama!!
Herrgott, ich gebe es auf, euch anzusprechen – ihr wollt mich einfach nicht bemerken.
Deshalb habe ich mich entschlossen zu schreiben.
Ihr könnt euch nicht vorstellen, wo ich war. Zeitreise, Weltallflug – nennt es, wie ihr wollt. Seit ich vom Dach gefallen bin, haben sich die wunderlichsten Dinge zugetragen. Es fühlt sich an wie ein überlanger, abgehobener Traum, nur dass alles wirklich einleuchtend ist … und sogar meine Falten sind verschwunden! Ein paar meiner neuen Freunde erklären mir immer wieder, dass ich gestorben bin, aber davon lasse ich mich nicht unterkriegen. In der Regel sind alle wirklich nett. Aber wohl auch ziemliche Spinner. Mich als tot zu bezeichnen! Also wirklich! Wer tut denn so was?
Ich habe Oma und Opa gesehen. Sie sind wieder jung! Mamas Tätowierung am Hintern ist endlich verschwunden, und sie geht jeden Tag schwimmen. Papa surft auf den gigantischsten Wellen. Wir schwatzen endlos miteinander über die Pyramiden und dass sie in Wirklichkeit mit Klang errichtet wurden, und wie Atlantis untergegangen ist, außerdem habe ich alles über die Ameisenleute in Erfahrung gebracht …
Ich habe einen Film von meinem Leben gesehen. Grundgütiger! Das war vielleicht ein Schock! Ich habe mich als Kind erlebt … habe gesehen, wie ihr geboren wurdet … habe gesehen, wie Daddy nach Las Vegas anstatt nach Denver gefahren ist. Und, na ja, ich wusste es ja eh schon … ich habe gesehen, wie Richie ein paar wirklich schlimme Sachen im Namen des Guten getan hat. Doch das wiederkehrende Thema war, dass jede Leistung, jedes erreichte Ziel, jeder verwirklichte Traum irgendwie vorher in Gedanken oder in der Vorstellung vorhanden war. Und ich meine wirklich ausnahmslos alle und jeden – ein bisschen abartig.

Vorher ist mir dieser Zusammenhang gar nicht bewusst gewesen, aber jetzt ist er so verflixt offensichtlich!

Manchmal passieren natürlich auch Dinge, die man sich vorher nicht vorgestellt hat, aber das geschieht immer nur dann, wenn das Leben sozusagen an einen Ort vorgespult werden muss, damit die Übereinstimmung mit dem Denken wiederhergestellt werden kann. Sie nennen das hier FM – Fahrstuhlmomente. Manche von diesen Momenten sind angenehm, andere nicht, aber alle basieren auf den Gedanken der betroffenen Person.

Manchmal verwirklicht sich, was die Leute denken, auch nicht, obwohl sie ununterbrochen daran denken. Der Grund ist, dass ihnen andere ihrer Gedanken, die bereits Dinge geworden sind, in die Quere gekommen sind. GWD: Gedanken werden Dinge – jippie!

Ach ja, und das Beste: Jeder kann mehr oder weniger alles haben. Alles! Komisch, wo man uns doch immer erklärt hat, dass Erfolg Opfer verlangt, dass man dafür bezahlen muss, dass man Glück, Timing, einen Hochschulabschluss hat und dass es gar nicht darum geht, »was man kann«, sondern darum, »wen man kennt«. So ein Quatsch! Am schwersten fällt es mir zu begreifen, dass wir so leichtgläubig waren. Seht euch doch nur die Leute an, die erfolgreich sind und bereits haben, wovon auch ich einmal geträumt habe. Aber hallo, was für Gedanken ich da wohl hatte???

Erfolgreiche Leute haben nur eines gemeinsam: ihren Traum vom Erfolg. Sie haben sich ihren Erfolg vorgestellt. Hielten ihn für möglich. Sie haben etwas mit ihren Träumen angefangen. Und damit meine ich gar nicht unbedingt, dass sie hart für ihre Verwirklichung gearbeitet haben. Schlendere, stolpere oder bewege dich ahnungslos in diese Richtungen und – Treffer! Und seht euch doch nur an, wer heutzutage alles Geld hat! Unter denen ist doch kein einziger hochkarätiger Wissenschaftler! So wie es aussieht, besteht keinerlei Zusammenhang zwischen Geldscheffeln und Klugheit – nicht der geringste! Schaut euch doch bloß mal die Leute mit Geld an! Genauso wenig besteht eine Verbindung zwischen Glück und einem bestimmten Glaubensbekenntnis, einem sozialen Hintergrund, einer Volkszugehörigkeit oder einem Stammbaum. Glückliche Menschen denken glückliche Gedanken! Mehr braucht es nicht. Sie konzentrieren sich auf das, was sie mögen, anstatt darauf, was ihnen missfällt; auf das, was funktioniert, anstatt darauf, was schiefgeht. Und dann ziehen sie noch mehr der Dinge an, die sie glücklich machen, und erhalten sie auch. Auch die Leute, die sich auf ihre Einnahmen konzentrieren, anstatt auf ihre Ausgaben zu schielen, steigern ihr Einkommen; wer das Gegenteil tut, erhält das Gegenteil. Wie bei Leuten, die sich auf Gesundheit und nicht auf Krankheit konzentrieren, auf Liebe statt auf Hass, auf Reisen anstatt Zuhausebleiben – sie alle bekommen, was sie wollen, immer. GWD!

Also wenn ihr auf diesen Brief jetzt nicht reagiert, dann weiß ich auch nicht, was ich noch machen soll. Ich gebe gern zu, dass mir eine Tasse Kaffee und die Sonnenaufgänge fehlen. Hier gibt es alles, aber es ist eben nicht so wie mit euch zusammen. Mir fehlen die Dinge, wie sie waren. Vielleicht bin ich ja tot, aber nicht fort … Vielleicht kann ich zurückkommen … Vielleicht, wenn ich länger darüber nachdenke … wenn ich es mir vorstelle, vielleicht …

Jedenfalls liebe ich euch, bis die Kühe fliegen können!

Für immer eure Mama

Du bist noch immer an der Reihe

Das ist es! Darauf hast du Jahrtausende gewartet! Du bist hier! Was immer du willst, wie immer du es willst (nur in Verbindung mit den kleinen Nuancen, über die wir soeben gesprochen haben, klappt es nicht): Du kannst es haben! Bitte nicht um eine Sache; bedanke dich für viele. Wünsche und hoffe nicht; gib bekannt und schaffe! Wenn du doch jetzt nur wüsstest, was du wissen wirst und auch jetzt schon wissen kannst: dass sich die ganze Welt in deiner Hand befindet. Natürlich bedeutet Leben mehr, als es nach den eigenen Vorstellungen zu führen – angereichert mit großartigen Freunden, Mitgefühl und der Farbe Orange. Aber wenn du die Wahrheit kennst, dann ist ein Leben nach deinen eigenen Vorstellungen dein Tor zum Glätten eines holprigen Weges, zum gerechten Verteilen von Reichtum, zu einem in emotionaler wie auch in materieller Hinsicht angenehmen und kreativen Leben. Das ist es, worüber du nachdenken solltest, und es wird dir eine umso bemerkenswertere Heimkehr bescheren, bei der sich alle über das zurückgekehrte Kind freuen, über die Geschichte, wie du es vom armen Schlucker zum Millionär gebracht hast, oder wie immer du dir die nächste Szene auch ausmalen möchtest.

Kapitel 7

Der Himmel wird dich umhauen!

Dieses weiße Licht, das die Leute im Verlauf einer Nahtoderfahrung sehen? Das ist die Liebe. Gesehen mit müden Augen.

Du spürst beides: dass es von einer Intelligenz ausgeht und dass es auf irgendeine unheimliche Art diese Intelligenz ist. Du nimmst wahr, dass sie dich weit besser kennt als du dich selbst; sie versteht dich; sie vergöttert dich. Wie abgöttisch liebende Eltern, bis in alle Ewigkeit.

Dieses Erkennen, wenn es so verstanden wird, ist der Himmel. Außerdem erfasst du, dass es *deine* Missverständnisse waren, die die Trennung in deinem soeben zurückgelassenen Leben verursacht und dich daran gehindert haben, zu fühlen, was die ganze Zeit da war. Dieses weiße Licht ist so nah bei Gott, wie jeder von uns ihm nur nahe sein kann, bis wir schließlich wissen, dass wir Gott sind. Du schwelgst darin, mit einer Offenbarung um die nächste und in vollkommener Ekstase, und dann fragst du dich, wie du wohl gelebt hättest, wäre dir schon immer bewusst gewesen …

- wie wichtig du bist,
- wie viel Macht du besitzt, und
- dass es keine Fehler gibt.

Jetzt allerdings, da du ja dieses Buch liest, findest du es vielleicht schon früher heraus.

Wie wichtig du bist

Du bist einfach erstaunlich. Du siehst Dinge, die niemand sonst je sehen wird. Du hörst Dinge, die niemand sonst jemals hören wird. Du bist dorthin gegangen und wirst wieder dorthin gehen, wo niemand sonst je hingeht. Und was am wichtigsten ist: Du denkst und fühlst daher Dinge, die niemand sonst jemals fühlen wird. Das bist du. *Deshalb* bist du. Das sind deine geheiligten Gaben an das Höchste des Hohen, doch musst du nichts dafür tun, außer zu sein. Und indem du bist, schaffst du, was niemand sonst jemals zuvor geschaffen hat, jemals schaffen kann oder jemals schaffen wird. Du bist das Angesicht Gottes, wie es nie zuvor je gesehen wurde.

Angebetet? Worte vermögen es nicht zu beschreiben. Liebevoll umsorgt? Jeden Augenblick mehr, in einer endlosen Aufwärtsspirale. Das ist es, was du in dem Augenblick deines Eintreffens zu spüren beginnst.

Zu ihren Lebzeiten messen sich die meisten Menschen an dem, was sie nicht sind. Warte nicht, bis du gestorben bist, um die ganze Wahrheit zu erkennen. Niemand kann jeder sein. Keiner wird jemals alles haben. Von alle dem, was Gott ist, bist du nur ein winzig kleiner Funken. Das heißt, wenn du suchst, was du nicht bist, wirst du immer fündig werden. Es ging jedoch nie darum, herauszufinden, was du nicht bist, sondern immer darum, was du bist: eine Sammlung von Eigenschaften, Neigungen, Sehnsüchten, Schrullen und vielem mehr, da du dich immer weiter bis in alle Ewigkeit ausdehnst und damit ein unbezahlbares Fenster auf die Schöpfung schaffst, durch das Gott nicht durch dich, sondern *als du* blicken und die Elemente steuern kann – und mit sich selbst tanzen, da er ein anderer zu sein scheint.

Du bist einzigartig. Du bist unersetzlich. Ein Meisterwerk, eine Miniaturausgabe des Göttlichen, die sich selbst
genügt. *Du* bist ein wahr gewordener Traum, Gottes erste
und letzte Chance, du zu sein, genau wie du jetzt bist. Sonne dich darin; das ist mehr als genug. Doch selbst während
du dich sonnst, werden dir Engel und Bewunderer im Unsichtbaren folgen, dich ehren und feiern, denn sogar jetzt,
während du diese Worte liest, bist du wichtiger, als du dir
überhaupt vorstellen kannst.

Wie viel Macht du besitzt

Sobald du eintriffst, wirst du wie alle vor dir erkennen, dass
dein irdisches Leben ist, was du erträumt hast, und dass
dieser »neue Ort« der Ausgangspunkt deines Traumes ist.
Hinzu kommt die Einsicht, dass du als der Träumer immer
größer bist als der Traum; und folglich ist das Leben nicht
dir zugestoßen, sondern du dem Leben. Du warst zuerst da.
Du hast der Sonne den Grund geliefert, jeden Morgen auf-
zugehen, und das ist wirklich wörtlich gemeint.

Der Tod wird sich für dich auf eine Weise als Tor zum
Leben erweisen, die du nicht für möglich gehalten hättest.
Der Wirklichkeitssplitter, der zu dir gehört, vergrößert sich
mit einem Mal exponentiell und beinhaltet nun Vergangenheit, Gegenwart und Zukunft. Du wirst feststellen, dass
es parallele Erden gibt mit jeweils einer anderen Version
deiner Person. Diese kommt zustande an den Weggabelungen deines früheren Lebens, an denen du beide Möglichkeiten ernsthaft in Betracht gezogen hast. Das durch eine
Zeitfalte entstandene parallele Universum machte es mög-

lich, dass du in zwei Varianten beide Wege erkunden konntest in der Annahme, du seiest die einzige.

Du wirst feststellen, dass solche Aufspaltungen während deines ganzen Lebens immer wieder stattfanden, an jeder Kreuzung, an der du eine Entscheidung treffen musstest. Kleinere Abspaltungen vereinen sich früher oder später wieder mit einem der Hauptwege, doch die größeren Gabelungen führen häufig zu äußerst unterschiedlichen Erfahrungen, vollkommen verschiedenen Leben, anderen Berufswegen, Partnern, Kindern, Lektionen, Entdeckungen und so fort.

Und der Mittelpunkt jeder dieser Wirklichkeitsversionen bist du, deine Gedanken, Überzeugungen und Erwartungen. Du lebst Hunderte oder gar Tausende Leben und ihre Versionen, und doch bist eindeutig du jede Inkarnation. Und das alles ist gut, obwohl wir uns bisher noch nicht mit der Frage befasst haben, wie sich dies auf das Bild auswirkt, das du dir von dem Begriff »Reinkarnation« als Leben nach dem Leben überhaupt machst.

Erstaunlicherweise bist du der Motor aller dieser Prozesse! Und das ist dir nachvollziehbar, denn es ist überaus sinnvoll!

Deine Macht, gemessen mit den Maßeinheiten der Illusionen – Spannung, Leistung, Drehmoment, Schubkraft –, ist nicht vergleichbar mit deiner Macht in spiritueller Hinsicht. Jeder Mann, jede Frau und jedes Kind, die heute in deiner Welt leben, kann allein mit Worten, und das ist wörtlich zu nehmen, Berge versetzen; dort hat die Redewendung ihren Ursprung. Und eines Tages wirst auch du dies tun.

Dein Königreich komme

Deine Reichweite ist größer, als du in Zeit und Raum aus-
zuloten imstande bist. Deine Geschichte ist viel reicher.
Deine Leute sind viel erstaunlicher. Und deine spirituelle
Macht, die auch jetzt meistenteils in dir schläft, ist bedeutender, als dein Gehirn es erfassen kann – doch das
schränkt sie keineswegs ein. Es wird dich erschüttern und
ehrfürchtig staunen lassen, wenn du erst siehst, was du getan hast, und spürst, was noch kommt – nur wegen der
Zeit, die du im Raum verbracht hast. Der Blick auf die physischen Landschaften deines zurückliegenden Lebens lässt
dich erkennen, wie sich die Illusionen – Materie und Umstände – deinen geistigen Höhenflügen, Tagträumen und
Ängsten gebeugt haben. Dass du wieder und wieder die
Requisiten, Mitspieler und Umstände deines Lebens neu
und immer wieder anders angeordnet hast, fast so schnell,
wie dich ein Sinneswandel überfällt. So allmächtig warst
du – und bist du –, dass ...

- Winde zu heulen beginnen, wenn du dir Gedanken
  machst,
- Wellen der Liebe an ewige Strände schlagen, wenn du
  lächelst,
- die Schleusentore der Fülle und des Glücks erbeben,
  wenn du das Wort ergreifst, und
- die Sterne sich neu ausrichten, wenn du träumst.

Das ist dein Leben. Deine Macht. Wisse darum, um sie zu
nutzen. Fange heute damit an.

Weil du so beschaffen bist, dass du unweigerlich auch
Widrigkeiten überdauerst, in jedem Bereich deines Lebens
an Höhe gewinnst und Erfolg für dich die Regel ist, wirst
du dich schon bald fragen, was du sonst noch herausfinden

könntest, auf welche andere Weise du leben und was dir zusätzlich noch gelingen könnte. Und weil du dich diese Dinge fragst, denn so bist du beschaffen, wachsen deine Macht und deine Neugier noch weiter an, und du wirst zu einem Magneten für noch mehr Wissen, Weisheit, Wahrheit und Liebe.

Dass du in deinen entscheidenden Jahren in diesen primitiven Zeiten auf deinem neuen kleinen Planeten bereits einen psychologischen Weg gefunden hast und die Toten mit dir Kontakt aufnehmen, um dich mitten im Traum mit solchen Botschaften zu erreichen, ist Beweis genug. Gut gemacht, alle Achtung!

Es gibt keine Fehler

Die erhabene Vollkommenheit von Zeit und Raum besteht darin, dass alles, was geschieht, und sogar alles, was nicht geschieht, dich wachsen lässt. So großartig ist die zugehörige Formel, dass nichts die Schönheit von Zeit und Raum zu beflecken vermag. Nur: Dein Glaube an die Illusionen, an die kleinen Lügen, die deine Abenteuer ermöglichen, will dir etwas anderes weismachen. Denk mal darüber nach. Dir steht die Ewigkeit zur Verfügung. Du wirst wieder und wieder leben. Würde unter diesen Umständen nicht jeder scheinbare Rückschlag, jeder Verlust oder jede Enttäuschung letztlich in der Zukunft noch größere Fortschritte, Gewinne oder Triumphe ermöglichen? Würden sie nicht auch anderen als Lektionen dienen, die sich dann Unannehmlichkeiten, wie du sie erfahren hast, ersparen könnten, womit dein Schmerz oder Leid sie vor selbigem bewahrte?

Und außerdem sind Illusionen nur Illusionen; sie sind nicht wirklich. Nur weil du glaubst, dass sie wirklich sind, leidest du. Blickst du von deinem neuen Blickwinkel auf dein letztes Leben zurück, dann wird es dir so vorkommen, als erwachtest du aus einem lebhaften Traum. »Ist ja irre! Das war unglaublich!« Insbesondere wenn es viele Schlaglöcher gab, ist das tröstlich. Möglich wurde deine Erfahrung, weil du sie für wirklich gehalten hast. Sie hat dich verändert. Hat dich weiser gemacht. Du hast der Wirklichkeit sozusagen zu neuem Schwung verholfen, weil die Lektionen des Traums so wuchtig waren. So hilfreich! So schrill, schön und außerordentlich! Und so sieht das Leben im Rückblick aus dem Jenseits aus: Nichts ist wirklich, außer das Lernen und die Liebe, die du aus ihm beziehst.

Vielleicht fragst du dich jetzt: »Und was ist mit den Menschen, die im Laufe ihres Lebens verletzt wurden oder denen gar noch Schlimmeres zustieß? Waren ihre Verluste nicht groß genug, um unwiderruflich alle Hoffnungen zunichtezumachen, dass ihr restliches Leben so glücklich verlaufen könnte, wie es sonst vielleicht der Fall gewesen wäre?« Aber dann musst du auch die folgenden Fragen stellen:

- Kann ich sicher sein, dass ihnen aus allem, was ihnen zugestoßen ist, nicht auch etwas Gutes erwächst?
- Kann ich sicher sein, dass dies ihr einziges Leben ist?
- Sind sie denn nicht Geschöpfe der Ewigkeit?
- Kann ich denn sicher wissen, welche Richtung ihr Leben vor den unerwünschten Ereignissen eingeschlagen hätte und dass dies günstiger gewesen wäre?
- Kann ich sicher sein, dass das Geschehene ihnen nicht doch sinnvoll erscheint?

Welch eine – wenngleich verständliche – Ironie, dass aus der jetzigen Perspektive, d. h. in den Illusionen und in diesen primitiven Zeiten, Einigkeit darüber herrscht, dass das Schlimmste, was einem Menschen zustoßen kann, der Tod ist. Warum? Weil der Tod für deine physischen Sinne die Auslöschung des Lebens und aller seiner Möglichkeiten für immer und ewig bedeutet. Der Vorhang ist gefallen. Alles erledigt, außer vielleicht im vermeintlich besten Fall: Harfenmusik bis zum Ende aller Zeiten. Da jedoch die spirituelle Erkenntnisfähigkeit zunimmt und die Einsicht ermöglicht, dass jedem Leben die Ewigkeit vorausgeht und folgt, wird mit einem Mal offensichtlich, dass diejenigen, die in den Illusionen leben, nicht darüber entscheiden sollten, und zwar weder für sich selbst noch für andere, wann der beste Augenblick für den Tod gekommen ist. Ein Mensch mit einem sehr erfüllten Leben, in dem er alles gelernt hat, was zu lernen er gekommen war, hat ja vielleicht, anstatt sich für einen Schlaganfall oder einen Autounfall zu entscheiden, mit seiner langen, tödlichen Krankheit absichtlich einen langsamen Abgang gewählt, damit er sich verabschieden, seinen Letzten Willen und seine Finanzen regeln kann und damit alle Betroffenen sich vorbereiten können. In so einem Fall wäre es wohl wenig günstig, wenn Tante Sally und Onkel Billy die ganze Familie herbeiholten, um mit ihnen gemeinsam rund um die Uhr dafür zu beten, dass ihr geliebter Anverwandter doch bitte rasch von seiner Krankheit erlöst werde.

Ein vernünftiger Ausweg in einer solchen Situation ist es immer, das Beste für alle Beteiligten zu wünschen, ohne jedoch festzulegen, wie sich dieses Beste gestalten soll, da man ja doch nie für andere sprechen kann. Was immer geschieht, ist dann zum Besten aller, denn Fehler gibt es nicht.

Ordnung, Vollkommenheit und ungeheure Ausmaße

Das Königreich, die Herrlichkeit und die Macht ... nach deinem Übergang wirst du überwältigt sein von all dem, was dann auf einmal erfassbar ist. Und um dich der Schönheit und Wunder im Jenseits wirklich zu versichern, nachfolgend noch ein paar Aspekte, die dich bestimmt begeistern werden.

Das wahrhaft Unbegreifliche

Nicht einmal die ältesten Seelen, die größten Engel oder weisesten Führer – jedenfalls nicht die, die sich in Reichweite von Zeit und Raum befinden – sind fähig, das ungeheure Ausmaß der gesamten Schöpfung oder auch nur ihres Anfangs zu erfassen: den Sprung vom Nichts zu allem, was ist. Den ersten Funken. Wie Gott entstanden ist. Wie es jemals keinen Gott gegeben haben könnte. Oder, und das ist mindestens ebenso unbegreiflich, wie es Gott jemals sehr wohl hat geben können. Die Essenz des Lebens dem Nichtleben gegenübergestellt. Selbstverständlich beinhaltet die Frage nach dem Anfang das Anerkennen der Zeit als Wirklichkeit, da ein Anfang nur neben einer unwahren Mitte und einem unwahren Ende existieren kann. Womit wir vor der paradoxen Frage nach dem Ausgangspunkt stehen. Was uns wiederum mit einem weiteren scheinbar unlösbaren Mysterium konfrontiert: Wie kann Erkenntnis/Bewusstsein in Abwesenheit von Zeit funktionieren? Die Zeit versorgt uns so bereitwillig mit Referenzpunkten, die es uns ermöglichen, ein geordnetes Leben zu führen. Um die Wahrheit zu sagen: Selbst dein Denken, wie du es jetzt gerade betreibst, oder dein Lesen verlangt Zeit.

Doch in Übereinstimmung mit unserer Prämisse können wir dennoch viel beobachten, ableiten und wissen, und solche Einsichten offenbaren sich während deines Übergangs in immer schnellerer Abfolge wie kleine nächtliche Feuerwerke bei einem Fest in der Ferienzeit.

Das göttliche Rätsel

Während sich das Wie des ganzen Zeit-Raum-Systems dir nur entziehen kann, so wirst du plötzlich sehen, dass alle Zeit-Raum-Reisenden die aufregendsten Herausforderungen annehmen, über die wir in diesem Buch bereits gesprochen haben:

Zu unterscheiden, was in einem Meer der Illusionen wahr ist; ihren Gefühlen zu vertrauen, obwohl physische Gegenbeweise vorliegen; und die Lügen zu durchschauen, die ihre Basis bilden.

Das nenne ich Wagemut! Was für ein Abenteuer! Kaum bist du angekommen, begreifst du, dass Gott, würde er mit der Herausforderung konfrontiert, sich die unerhörteste interaktive Geschichte mit ungezügelter Dramatik, Spannung, humoristischen Einlagen, unendlichen Möglichkeiten, Romantik und einem Überschwang an menschlichen Gefühlen, Zuständen und Ausdrucksformen auszudenken, es Zeit und Raum wären! Kannst du dir etwas Wilderes als das Leben vorstellen? Mit größerem Spielraum? Etwas Fesselnderes? Etwas Herzzerreißenderes und doch Romantischeres? Gefährlicher und doch zugleich sicher? Komplex und doch so einfach, dass es selbst ein Kind erklären könnte? Kannst du dir irgendetwas vorstellen, das so von Hoffnung erfüllt ist, dass du nur davon träumen müsstest, und *du kannst es sein*? So erfüllt von Toleranz, dass es keine Rolle spielt, wo du warst? So von Liebe durchdrungen, dass jeder Weg nach Hause führt?

Abenteuer wecken Leidenschaft und erzeugen Emotionen: der wichtigste Grund für die Entscheidungen, die du im Laufe deines Lebens getroffen hast, und auch für die Entscheidung, dieses Leben zu wählen. Doch wenn man andererseits wie du bereit ist, mitten im Traum zu erwachen, wird es erforderlich, über die ursprüngliche, nun aber gescheiterte Prämisse nachzudenken, die das Funktionieren des Lebens erklären sollte: dass nämlich *Dinge* (und nicht Gedanken) Dinge werden. Dann beginnt man zu verstehen …

- dass man dem, womit man sich in Gedanken beschäftigt, körperlich begegnen wird,
- dass das, woran du glaubst, was du erwartest und worauf du dich zubewegst, anfängt, sich seinerseits auf dich zuzubewegen, und
- dass du alles, was dir in deinem Umfeld nicht gefällt, verändern kannst, indem du dich veränderst.

Ja, Wahnsinn! Doch dann versuchst du dir dank dieser tsunamigleichen Offenbarung während deines Übergangs vorzustellen, wie es sich wohl auf dein zurückliegendes Leben ausgewirkt hätte, wäre dir bewusst gewesen, dass du ein Schöpfer bist. Das Wissen, dass du immer dort warst, wo du am liebsten sein wolltest, gesund und wohlbehalten in den Händen Gottes. Das Wissen, dass du mächtig genug warst, um deine Träume zu verwirklichen, dich trotz des äußeren Anscheins für Liebe statt für Angst zu entscheiden und für einen immer weiter wachsenden Freundeskreis und das Lachen. Und während du noch weiter über all das nachsinnst, ergreift dich plötzlich ein überwältigender Wunsch: zurückzukehren und noch einmal zwischen den Illusionen zu tanzen.

Reinkarnation (oder so ähnlich)

Warum auch nicht? Schließlich hast du an Zeit ja mehr als genug. Warum sollte sich irgendwer, dem die Ewigkeit gehört, dafür entscheiden, nur ein einziges Leben zu leben? Dir fällt es schon schwer, dich mit einer Tasse Kaffee, mit einem Kuss oder dem Verzehr von nur einer Handvoll Kartoffelchips zufriedenzugeben. Wir sprechen von der Ewigkeit. Das bedeutet, selbst wenn du zigtausend Mal lebtest, würde die Zeit, die du in deinem Körper zugebracht hast, unendlich kurz, unsichtbar und einfach irrelevant im Vergleich zur Ewigkeit sein. Die Ewigkeit dauert lange, warum also solltest du nur einmal leben? Wie wäre es, wenn du so oft lebtest, wie du willst, damit du sicher sein kannst, dass du auch wirklich jede Erfahrung voll ausgekostet hast? Du könntest ein primitives oder auch ein hochtechnologisches Zeitalter ausprobieren; du könntest in Armut oder in Überfluss hineingeboren werden. Du könntest männlichen oder weiblichen Geschlechts sein; überwiegend deine linke oder deine rechte Hirnhälfte nutzen; groß oder klein sein; aggressiv oder passiv; emotional oder gelassen. Und du könntest dir endlos viele weitere Gegensatzpaare und Kombinationen einfallen lassen!

Dann gibt es noch zig Wahlmöglichkeiten, die sich dir hinsichtlich deines Aufenthaltsortes bieten: Auf welchem Planeten, in welchem Land, als Mitglied welcher Kultur möchtest du leben? Und für jedes Leben darfst du dir zudem deine Eltern selbst auswählen, so wie sie auch dich aussuchen. Du darfst entscheiden, mit welchen Freunden aus anderen Leben du diesmal wieder spielen willst und so weiter und so fort. Und da es allen anderen genauso ergeht, werden auch sie alle immer wieder zurückkommen wollen. Perfekt! Du kommst also mit denen wieder, mit denen du gut lernen konntest, und meidest die Übrigen. Und sie werden es ebenso machen. Nur zu, die Ewigkeit ist dein. Warum nicht?

Wahnsinn! Perfekt! Dein himmlischer Geist gerät tüchtig ins Wirbeln. Also noch einmal: Worte versagen, wenn es darum geht, ein Bild von der Wirklichkeit zu entwerfen. Beispielsweise unterstellt deine typische, aber dennoch falsche Einmal-und-nie-wieder-Weltsicht mit ihrer simplen Vorstellung von Reinkarnation sofort, dass John Doe nach seinem Tod als Jane Deer zurückkehren könnte. Wie falsch diese Schlussfolgerung ist, wird offensichtlich, sobald du dich fragst: Ist die neue Jane nun eigentlich der alte John, oder ist sie Jane? Richtig, Jane ist Jane! Wo also ist John? John ist immer noch John! Aber ist er denn nicht zurückgekommen? Doch, als Jane!

Stellen wir uns einmal vor, dass die eigene Persönlichkeit wie ein Blatt an einem Seelenbaum hängt, der auch noch andere Inkarnationen hervorbringt. Und stellen wir uns außerdem vor, da die Zeit ja eine Illusion ist, dass alle Blätter sich gleichzeitig ausleben, auch wenn sie unterschiedlichen Zeitaltern angehören. Nun haben wir etwas mehr Klarheit geschaffen und gleichzeitig Raum für Abweichungen. Jetzt können wir erkennen, dass John und Jane nicht wirklich dieselbe Person sind, auch wenn der eine sich aus den Erfahrungen und Wünschen des anderen entwickelt hat und außerdem eine gewisse Erinnerung an die Lektionen, Erfahrungen, Reife, Talente und Reize des anderen hinüberretten konnte. Somit findet tatsächlich so etwas wie Reinkarnation statt. Doch handelt es sich nicht um eine rein lineare Entwicklung, bei der die eine Inkarnation endet, damit eine neue beginnen kann. Vielmehr bewahrt sich jede Inkarnation ihre eigenen Perspektiven für immer, während sie zugleich der anderen etwas hinzufügt. Und da dein Verstand ohnehin schon auf Hochtouren läuft, möchte ich gleich noch Folgendes ergänzen: Es kommt durchaus vor, ja es geschieht sogar ständig, dass die nächste Inkarnation einer Person an einem früheren Punkt in der Geschichte stattfindet.

Die Familie

Es ist von Bedeutung und vermutlich auch von Interesse, dass diejenigen, die gegenwärtig in irgendeiner planetaren Zivilisation leben, derselben spirituellen Familie angehören und somit weit mehr gemeinsam haben, als man in diesen primitiven Zeiten auf dem Planeten vermuten würde. Selbst der Fremde an einer beliebigen Straßenecke ist dein spiritueller Verwandter. Ja, sogar der Fremde an einer Straßenecke auf der anderen Seite des Planeten ist dein spiritueller Verwandter, denn ihr beide teilt die ungefähr gleiche Zeit und den ungefähr gleichen Raum aus einer unendlich großen Anzahl von Möglichkeiten. Und im Laufe deines Lebens stellst du fest, dass es ein paar Familienmitglieder gibt, mit denen du besonders gerne Zeit verbringst (was ja auch für die Freunde gilt, mit denen du gerne gemeinsam lernst), und andere, die du lieber nicht sehen möchtest (oder denen du vielleicht sogar Schaden zufügen möchtest). Und das ist ja wohl in jeder Familie relativ normal, oder nicht? Und gemeinsam als Zivilisation, als eine Einheit, eine Familie und als eins habt ihr euch in die Illusionen gewagt und miteinander eure Erde geschaffen, die euch als Spielplatz und Labor für eure spirituelle Entwicklung dienen soll. Im Laufe dieser spirituellen Entwicklung könnt ihr ein paar coole Geschichten ausleben, eure Erhabenheit neu erleben, euch immer wieder verlieben und jede Menge Spaß haben.

Woher kommen die alle?

Während du damit anfängst, all diese extravaganten Informationen aufzunehmen, die du im Unsichtbaren empfängst, fallen dir postwendend schlaue Fragen ein wie etwa: »Woher kommen all die Leute?« Oder du denkst darüber nach, woher wohl die Unmengen Menschen überhaupt stammen, geht man davon aus, dass vor 12 000 Jahren auf der Erde eine Million Menschen lebten, es heute aber sieben Milliarden sind. Oder vielleicht fragst du dich auch: »Wenn ich nur ein Gesandter meiner Seele bin, endet meine Existenz dann mit meiner Rückkehr?«

Du wirst rasch feststellen, dass du dir aus dem neuen, erhöhten Blickwinkel deines Nachlebens solche Fragen oft spontan selbst beantworten kannst:

• Als ob, wie deine erste Frage ganz unschuldig annimmt, es keine anderen Planeten mit Leben gäbe.

- Als ob es keine parallelen und tangentialen Wirklichkeiten gäbe.
- Als ob es keine anderen Reiche gäbe, die ich in Anspruch nehmen könnte, wie ich es gerade jetzt bei meiner erstaunlichen Ankunft tue.
- Als ob ich nicht gerade gelesen und begriffen hätte, dass der Wunsch, als Jane Deer zurückzukehren, John Doe nicht verringern würde.
- Als ob Zeit und Raum nicht eine Art holographischer, multidimensionaler Traum wären.
- Und zum Schluss der Gnadenstoß: Als ob es nur einen Zeitstrahl gäbe, auf dem alle plaziert werden müssten!

Außerdem erkennst du, dass sich deine Vorstellung, von deiner Seele geschluckt zu werden und dann in Vergessenheit zu geraten, nur in der begrenzten Welt von Zeit und Raum mit ihren Dichotomien des Hier und Dort, Jetzt oder Nie verwirklichen könnte. Diese Befürchtung setzt voraus, dass du dich nicht an zwei Orten zugleich aufhalten kannst; dass du entweder das Du sein musst, das du kennst, oder aber von deiner Seele aufgesogen wirst. Doch Verschmelzung heißt nicht Auflösung, als wärst du ein Stück Würfelzucker, das man in eine Tasse heißen Tee wirft. Im Fall der Seelenwiedervereinigung bleibt die Persönlichkeit erhalten und ergänzt zugleich das Ganze. Beide existieren, in Ewigkeit, *im Inneren*. Schließlich gibt es so etwas wie das Äußere im Hinblick auf die Wirklichkeit. Selbst jetzt führst du deine Leben in Gott, wobei du aber du bleibst.

Seelenalter

Wie du es dir als Individuum oder, noch besser, als Seelenebene bestimmt vorstellen kannst, könnte dieses Hinein und Hinaus aus Zeit und Raum nach zehn- bis fünfzigtausend Mal recht ermüdend sein. Ziele wurden erreicht, Geduld erworben, Mitgefühl kultiviert und eine selbstzufriedene Einstellung entwickelt. Du wirst dich Millionen Mal verliebt haben und anderen zu Diensten gewesen sein, leidenschaftlich, aufrichtig, von Herzen. Und so wirst du schließlich das Bedürfnis haben, all das hinter dir zu lassen. Was ja auch nur nachvollziehbar ist, stimmt's? Das heißt ja nicht, dass du weggehen musst – was ja auch nur möglich wäre, wenn du an Raum glaubst.

Letztendlich wirst du dir jeden nur vorstellbaren Schuh anziehen, um herauszufinden, ob er passt, und dabei immer weiter wachsen. Den Anfang machst du als Babyseele, hinsichtlich Erkenntnis einem neugeborenen Menschenkind vergleichbar, das ebenso hilflos und verwirrt ist und keinerlei Vorstellung davon hat, was richtig und was falsch ist. Dann reifst du zu einer jungen Seele heran, vergleichbar einem Schulkind – aufgeweckt, ein wenig ungeschickt und gespannt auf das Leben. Als Nächstes ist die reife Seele an der Reihe, einem jungen Erwachsenen gleich mit Träumen und neu entdeckten Herausforderungen – eine überaus produktive und der Weisheit förderliche Lebensphase. Schließlich bist du als alte Seele einem weisen bewährten Veteran des Lebens ähnlich – nachdenklich, ruhig und rücksichtsvoll. In jede neue Inkarnation bringst du die in früheren Inkarnationen gemeisterten Lektionen, deine Erfahrungen und Talente, deine Reife und deine Vorzüge ein – wie ein junger Erwachsener seine in der Jugend erworbenen Fähigkeiten später weiterhin nutzt.

Es gibt kein besseres oder schlechteres Seelenalter, wie

es ja auch kein besseres oder schlechteres Menschenalter gibt. Jeder Abschnitt bietet einzigartige Möglichkeiten, und alle hängen in ihrer Existenz voneinander ab und verleihen einander Sinn. Anhand der über dich aufgezeichneten Geschichte kannst du die langsame Entwicklung der Massen hin zu einer höheren und kultivierteren Lebensführung und zu ihren klügeren, auf Liebe basierenden Entscheidungen nachvollziehen. Allerdings muss deine Zeitachse nicht unbedingt auch deine Entwicklung sichtbar machen, denn schließlich könnte ja die erste Inkarnation der einen jungen Seele im Jahr 125 589 v. Chr. stattgefunden haben, die erste einer anderen hingegen im Jahr 2014 n. Chr.

Alter und Kollektiv

So, wie ein Individuum reifer wird, so entwickelt sich auch das Kollektiv. Und falls du dich gefragt hast, was der ganze Trubel im Jahr 2012 zu bedeuten hatte: Nun, er bezeichnet den Wendepunkt in unserer kollektiven spirituellen Entwicklung, an dem wir unsere aufregenden Teenagerjahre der Seelenweisheit zum Abschluss gebracht haben und in die Phase als junge Erwachsene eingetreten sind. Es ist dabei nur natürlich, dass die einen schneller, andere hingegen langsamer vorankommen; so mancher erreicht in einem einzigen Leben mehr als andere in fünfhundert. Außerdem darfst du nicht vergessen, dass wir nicht alle die gleiche Anzahl von Leben gelebt haben. Doch insgesamt gesehen sind wir alle miteinander noch eine Bande großer Kinder.

Wir wechseln gerade von der ausgelassenen Bin-ichnicht-toll-Phase zu der am Morgen danach – verkatert und mit ramponiertem Ego. Und zum ersten Mal verstehen wir, dass wir und niemand sonst für die Konsequenzen jeder unserer Entscheidungen verantwortlich sind. Nachdem wir nun also unsere Entwicklungsjahre zum Abschluss gebracht und herausgefunden haben, wie wir unsere Macht handhaben können, lernen wir jetzt, verantwortungsbewusst damit umzugehen. Es könnte sein, dass der innere mentale Widerstand gegen eine solche Transformation den physischen Aufruhr bewirkt (und weiter bewirken wird), der sich gegenwärtig in Form von Veränderungen der Erde und soziopolitischen Turbulenzen manifestiert, denn natürlich erhält selbst das Wetter seinen Antrieb von uns. Die Menschen mögen Veränderungen nicht sonderlich, und zwar vor allem dann nicht, wenn ihre Weltsicht in Frage gestellt und von ihnen verlangt wird, sich verantwortungsbewusster zu verhalten. Je größer die inneren Stürme des Widerstands ausfallen, desto größer sind auch die Stürme auf dem Planeten – nicht als Strafe, sondern einfach als Manifestation der Spannung, die im Inneren herrscht.

Auf einem Planeten mit neu gereiften Seelen (aber nicht zu sehr gereift) sowie einigen ganz neuen und diversen sehr alten Seelen geht es immer äußerst dramatisch zu, und es gilt weiterhin, etliche Lektionen zu lernen. Die zahllosen Fortschritte und die relative Ruhe auf dem Planeten zeigen, dass wir alles in allem in einem gesunden Tempo vorankommen. Natürlich gibt es jede Menge Raum für Verbesserungen, die ja auch kommen werden. Denn genau darum geht es schließlich. Zwar ist es faszinierend, darüber zu spekulieren, wohin das alles führen wird, doch wichtiger ist es, dass wir unseren getroffenen und dann in Vergessenheit geratenen Entscheidungen allen gerecht werden, die uns veranlasst haben, jedem neuen Tag mit offenem Herzen und offenem Geist entgegenzutreten und unseren Träumen zu folgen. Du kannst dich ruhig mit dem Gesamtbild beschäftigen, spekulieren und träumen, aber nicht in einem solchen Ausmaß, dass es dich von dem ablenkt, was du tust und wissen kannst.

Glückseligkeit

Jedes Mal, wenn du nach einer Inkarnation mit ihren neu gelernten Lektionen, dem genossenen Spaß und der erworbenen Weisheit »nach Hause« zurückkehrst, kannst du dich besser an die Wahrheit erinnern und größere Teilbereiche der Wirklichkeit wahrnehmen. So, wie du nach einem Tauchgang die Wasseroberfläche durchbrichst und dort auf Luft, die Sonne über dir und eine erheblich erhöhte Funktionsfähigkeit stößt, so fühlst du dich beim Nachhausekommen, als wärst du in dein Element zurückgekehrt. Das Gleiche geschieht auf der Erde. Ausnahmen stellen Fälle von derartig verängstigten jungen Seelen dar, die sich von ihrem zurückliegenden Leben oder seinen letzten Augenblicken in solchem Maße überfordert fühlen, dass sie sofortiger Führung bedürfen.

Die Erfahrungen von Selbstmördern können in Anbetracht ihrer naiven Entscheidung, ihr Leben gewaltsam zu beenden, ebenfalls andersgeartet sein. Das Leben, dem sie ein Ende setzen, ist eines, das sie wie alle Leben sorgfältig geplant und mutig gewählt hatten und das, wenn sie den Dingen ihren Lauf gelassen hätten, auf natürliche Weise relativ bald geendet hätte. Wegen ihrer Kurzsichtigkeit und Engstirnigkeit fehlt ihnen für gewöhnlich die Fähigkeit, ihre neue Umgebung ausreichend wertzuschätzen. Außerdem glauben sie schon bald, dass sie wenigstens neue Umstände schaffen müssen (was sie sich schließlich auch von ganzem Herzen wünschen) oder aber gleich ein neues Leben, damit Ersteres oder Letzteres sie besser lehrt, was sie zuvor nicht lernen wollten.

Ansonsten wechseln Neuankömmlinge, nach dem Rückblick auf ihr zurückliegendes Leben und tiefem Nachdenken, rasch in einen Zustand der Euphorie und Klarheit, der weit über das hinausgeht, was uns die Nahtodberichte von Menschen vermitteln, die ihren Heimkehrprozess nicht ganz zum Abschluss gebracht haben. Die empfundene Vollkommenheit ist unbeschreiblich. Du befindest dich an einem Ort …

- an dem alles, was jemals zerbrochen wurde, wieder zusammengefügt wird;
- an dem alles, was jemals verloren wurde, wiedergefunden wird;
- an dem alles, was jemals verletzt wurde, geheilt wird;
- an dem Krankheit durch Gesundheit ersetzt wird, jegliche Verwirrung durch Klarheit, alle Verzweiflung durch Begeisterung, sämtlicher Mangel durch Fülle;
- an dem alles, was jemals gefürchtet wurde, demaskiert wird;
- an dem jeder Feind zum Freund wird, und vor allem
- an dem du jetzt alles, was du in deinem letzten Leben als unangenehm empfunden hast, einsichtsvoll als großes und wunderbares Geschenk erkennst.

Geliebte Menschen, die früher verstorben sind, heißen dich willkommen. Tränen übergroßer Freude fließen. Freunde und geliebte Familienmitglieder aus *anderen* Leben treffen ein, werden augenblicklich erkannt und begrüßt, wobei die gemeinsamen Zeiten sofort wieder präsent sind. Du befindest dich an einem Ort der zweiten Chancen und neuen Romanzen, an dem von allem und jedem eine ehrfurchtgebietende, strahlende Anmut ausgeht. Dort entdeckst du zum ersten Mal wirklich, was »unendlich viele Möglichkeiten« bedeutet und wie du mehr bekommst, obwohl du weniger tust. Wer hier Schweiß vergießt, der tut es nicht in dem Versuch, seine Träume zu verwirklichen, sondern weil er die ganze Nacht auf seiner Willkommensparty getanzt hat. Ja, so ist es. So ist es wirklich. Du bleibst physisch und bist doch zugleich ätherisch, deine Identität ist gesichert, nur gemehrt. Zeit und Raum sind noch vorhanden, doch sind sie in dieser Welt, in der alles anpassungsfähig, versöhnlich und liberal ist, nicht mehr dieselben. Dir platzt schier der Kopf vor lauter freudigem Staunen.

Man fühlt sich, als sei man zu Hause angekommen oder als habe man wenigstens einen entscheidenden Schritt in diese Richtung getan. *Dort* hast du deine Entscheidungen für dein nächstes Leben getroffen, *hier* erkennst du nun, was du alles erreicht hast. Das ist das Königreich, an das du dich während deines Aufenthalts auf der Erde entfernt erinnert hast. Das Königreich, für das der Zeit-Raum erschaffen wurde, in dem du und all die anderen ständig mit Neuschöpfungen zugange wart – um euch zu beschäftigen und aktiv zu halten, damit ihr die Emotionen durchleben konntet, die so eine »Karussellfahrt« mit sich bringt. Du wirst feststellen, dass auch hier deine Gedanken Dinge werden, doch geschieht dies kunstvoller und irgendwie auch spontaner; wie alles hier, sind deine neuen Manifestationen vom Glanz der Liebe und vom Strahlen der Intelligenz überzogen. Du hältst dich jetzt dort auf, wo deine Vorstellungen von Freundschaft, Reisen, Kommunikation, Forschung, Neugier, Abenteuer, Sexualität und allem, was du auf der Erde hattest, entstanden sind und im Ätherischen auf einer Ebene vorhanden waren, die du mit deinen überforderten Sinnen kaum wahrzunehmen vermochtest. Die Heimkehr macht dich neuerlich vertraut mit dir, deinem wahren Selbst: einem intergalaktischen Liebeswesen der Freude göttlichen Ursprungs. Du verstehst, dass du aus dieser Perspektive, von diesem höchsten Punkt deiner Existenz aus, entschieden hast, den Weg deines Lebens zu wagen, und du wusstest ganz genau, worauf du dich einlässt!

Du zuckst mit den Schultern, du wunderst dich und du holst tief Luft, erst ungläubig und dann, weil alles so unvermeidlich ist. Wie Wasser auf gesprungenen Lippen oder wie ein aufglimmendes Licht im Dunkeln werden deine Sinne überwältigt: zuerst von Erleichterung und dann von Glückseligkeit, gefolgt von dem dringenden Bedürfnis, mit den Zurückgelassenen alles Gute und Schöne und Liebe zu teilen. Zwar tröstet dich das Wissen, dass all dies sie ebenfalls erwartet, aber ungeduldig bist du dennoch. Und während du in dieser Liebe badest und darüber nachdenkst, dass alles, was du jetzt empfindest, für dich auch im Leben erreichbar gewesen wäre, da trifft es dich wie ein Blitzschlag: Dein größter Wunsch ist zurückzugehen. Noch einmal zu leben. Du willst dich diesmal erinnern, das Offensichtliche sehen, das zuvor Vermisste finden, die einschränkenden Begrenzungen zurückweisen, mit denen andere dich vermeintlich beschützen wollen, dich respektieren, deinen Träumen treu sein, noch einmal dein Herz für die Liebe aufs Spiel setzen, mit all jenen zusammen sein, die dich so sehr liebten, wieder barfuß durch das morgenfrische Gras laufen, an einem Lagerfeuer sitzen und die weit entfernten Sterne betrachten. Anderen ein Licht sein, wieder auf die Füße kommen, ein Comeback haben, aufrecht stehen und nie aufhören, all das zu lieben *aus dem*

Inneren des menschlichen Geistes! Bis der ganze Zyklus aus Inkarnationen vollständig ist, wünscht jeder zurückzukehren – was auch jeder tut.

Das Leben ist so wunderschön, dein Leben war so wunderschön. Alles ist ein Geschenk, schon immer wurdest du vergöttert – und dies wirst du umso klarer erkennen, wenn du durch den Spiegel blickst, den wir Tod nennen.

Von einem geliebten Verstorbenen

Alejandro!
Alle sind hier! Wirklich alle! Und sie sind glücklich, gesund und wunderbar!
Deine Mom sagt, es tut ihr leid. Dein Dad sagt, er ist stolz auf dich. Sogar Gina ist hier, und ich soll dir von ihr ausrichten, dass sie noch immer eifersüchtig ist, weil du sie für einen Mann verlassen hast … für mich! Vielen Dank noch mal, übrigens. Und keine Sorge: Sie ist darüber hinweg. Wem könnte es schon anders gehen, wenn er an einen Ort wie diesen gelangt und alles auf einmal durch und durch vernünftig erscheint. Jede Menge Wahlmöglichkeiten, Freunde und Familie, Farben und Texturen, Klänge und Düfte. Hast du gewusst, dass es auf der Erde nur drei Primärfarben gibt, weil die Erde so platt ist? Hier lernst du bereits in deinen ersten einundzwanzig Tagen mindestens zweiundvierzig Dimensionen kennen – und es gibt noch viel mehr! Hast du gewusst, dass alle Farben eine Nummer haben? Und dass zu jeder Nummer ein Klang gehört? Und dass jedem Klang ein Geschmack entspricht? Wenn du hier die richtigen Farben mischst, dann bekommst du einen musikalischen Eiscreme-Regenbogen! Ach, und der Zahlenstrahl? Der geht hier irgendwie seitwärts, hinein und hinaus und rundherum! Und von jeder Ziffer gibt es Abzweigungen in jede nur vorstellbare Richtung und … Ehrlich gesagt, ich musste diesen »Download« abbrechen, er verdarb

mir mein wiedergefundenes Engelsantlitz. Wenn du hierherkommst ... dann wirst du ein zweites Mal sterben!

Das Einzige, was hier fehlt, sind Herausforderungen. Wer auf dem Weg nach drüben ist, der bekommt sie natürlich, aber wir Übrigen, die zwischen zwei Leben abhängen, wir sehnen uns nach ihnen. Allerdings noch nicht allzu sehr. Es ist fantastisch, nicht den Stress zu haben, dem wir uns sonst durch unsere Illusionen aussetzen. Alles ist eindrucksvoll, ohne dass man Mühe aufwenden muss. Manche bleiben Tausende Jahre am Stück. Es gibt keinen festen Zeitplan. Doch alle kehren entweder zurück oder rücken vor – ausnahmslos alle. Und hier nun etwas Merkwürdiges: Man kann nicht vorrücken, es sei denn, man ist bereit zurückzukehren.

Sich durch das Leben zu kämpfen bedeutet, seinen Frieden mit ihnen zu machen. Und das wiederum heißt, dass man mit sich selbst Frieden schließt. Das lernt man, indem man herausfindet, wie man mit Herausforderungen umgeht, und feststellt, dass man größer ist als alles, was man erschaffen hat, um sich zu finden. Doch das kann man natürlich nur lernen, wenn man zurückkehrt, weil es hier ja keine Herausforderungen gibt. Verstehst du, was ich meine? Wenn man allerdings von seinem Leben gelangweilt ist, dann ist das kein Hinweis auf Frieden, sondern ein Zeichen dafür, dass man sich selbst nicht ausreichend herausfordert. Für gewöhnlich haben diejenigen Aussichten, vorzurücken, die glücklich, rege und sozialkompetent sind.

Hast du gewusst, dass das Leben nicht wert ist, gelebt zu werden, wenn es keine Herausforderungen beinhaltet? Wenn du dich in jedem Leben dafür entscheidest, in technologisch verwöhnten Zeiten das Kind kluger, liebevoller Eltern zu sein, für dich immer einen hohen intellektuellen und emotionalen IQ, gutes Aussehen, motorische Geschicklichkeit und Beliebtheit wählst, dann hast du vielleicht ein paar Mal deinen Spaß, insbesondere wenn du in deinem vorhergehenden Leben einiges zu *bewältigen hattest. Doch nach einer Weile würdest du mehr, würdest du alles wollen – nicht nur den Glitzer, sondern die Leidenschaft. In der Regel, das wirst du noch lernen, geht mehr zu haben damit einher, dass man mit weniger anfängt.*

Was nicht bedeutet, dass du dich ängstigen oder schlecht fühlen musst, wenn du in einem Leben große Gewinne einfährst. Es bedeutet nur, dass es für dich an der Zeit ist zu wachsen. Und genau dorthin führen dich Träume, was ja auch ihre Aufgabe ist. Träume haben immer eingebaute Herausforderungen im Gepäck und umgekehrt. Genau aus diesem Grund werden die Parameter für jedes Leben bewusst gewählt. Anders ausgedrückt: Wir wählen unser Leben wegen der Herausforderungen, die es vermutlich birgt, beziehungsweise für die Träume, die wir vermutlich haben werden. Was eigentlich beides das Gleiche ist. Das erklärt die Sache mit deinem Dad, nicht wahr?

Alejandro, ich liebe dich so sehr. Meine Gefühle sind unbeschreiblich und kaum auszuhalten, wäre da nicht das Licht, das mich umgibt und mir hilft. Und obgleich mein Herz voller Sehnsucht nach dir ist, könnte ich doch nicht glücklicher sein. Ich weiß, dass wir wieder zusammen sein werden, für immer, dass es zwischen uns eine Verbindung gibt und dass du und ich und alle diese Ekstase erleben werden, die mich jetzt überkommen hat.

Es ist wunderschön hier, wirklich wunderschön; aber hier bin ich nun also und will dich trotzdem bald wiedersehen. Sei glücklich, mon chéri, bis wir wieder die gleiche Vibration miteinander teilen. Was immer du brauchst, was immer nötig ist, wann immer du willst, sei glücklich. Und das heißt: Folge deinen Träumen, stelle dich deinen Ängsten und schreite jeden einzelnen Tag voran. Ich wünsche dir nichts anderes als Glück, und ich bin im Frieden, weil ich weiß, dass du glücklich sein wirst.

Dein hübscher Wilder,
Freddy

Augenblick mal, Kumpel!

Es ist alles so wunderbar! So viel Frieden, Harmonie und Schönheit! So viel Liebe! Du hattest nie Grund, *irgendetwas* zu fürchten, weder für dich noch für die, die dir fehlen. Und das ist es, was die Toten dir über das Leben sagen wollen! Doch da du eben erst eingetroffen bist, wirst du, ganz egal wie vortrefflich das Leben im Jenseits auch ist, dem Empfangskomitee die Frage über den scheinbar größten Widerspruch überhaupt stellen wollen: »Warum um Himmels willen stoßen guten Menschen böse Dinge zu?« Diese Frage versucht das nächste Kapitel zu beantworten.

Kapitel 8

Das Leben ist mehr als gerecht

Verständnis ist ein Lebenselixier, ein kühlender Balsam, der Tränen trocknet und Falten glättet. Unsere Kurzsichtigkeit behindert uns tatsächlich ernsthaft, dennoch wird niemand für sie verurteilt. Der Erleuchtete, der in keiner Weise dem stereotypen Einsiedler ähnelt, kann schneller laufen, höher springen und hat mehr Freunde, Lachen und Fülle. Daher die freundliche Dringlichkeit der Toten, die dich mit ihren beruhigenden und inspirierenden Erkenntnissen erreichen wollen.

Der Weise trauert nicht, weil er scheidet, ob er nun Tage oder mehrere Leben lang abwesend sein wird. Er weiß, an jemanden zu denken bedeutet, bei ihm zu sein, und dass der Raum, den er durch sein Scheiden schafft, viele neue Abenteuer ermöglicht. Er weiß, dass jede Trennung, die das Auge wahrnimmt, Lüge ist. Der Prophet ärgert sich nicht über Verrat. Er konnte ihn kommen sehen. Er versteht, dass für manche Anerkennung wichtiger ist, als ihr Bedürfnis zu dienen. Und er weiß, dass sein Glück und seine Mission nicht vom Verhalten anderer abhängen. Der Mystiker verzichtet auf Schuldzuweisungen, denn er sieht sich als Schöpfer in einer Welt der Illusionen, in der sich nichts zufällig ereignet, und er weiß, dass aller Schmerz selbstzugefügt und dass das Leben gerecht ist, selbst wenn die Umstände eine andere Sprache sprechen.

Warum stößt guten Menschen Böses zu?

Kann man in Anbetracht der überwältigenden Glorie – zehn Trilliarden Sonnen, hundert Millionen Spezies, der Pracht eines einzelnen Apfels – nicht erwarten, dass der »Geist«, der hinter allem steckt, auch irgendeinen Mechanismus geschaffen hat, der verhindert, dass unerwartete, sinnlos böse Dinge geschehen? Damit wenigstens die guten Menschen verschont bleiben? Wie ein Erziehungshalsband für einen Hund, der das Grundstück nicht verlassen darf, das Menschen mit einem sanften Stromschlag daran erinnert, andere nicht mit üblen Gedanken, Worten oder Handlungen zu bedenken? Würde das denn nicht besser funktionieren?

Oder ist hässlich eben der Preis für schön? Gewalt der Preis für Frieden? Hass der Preis für Liebe? Ergibt das einen Sinn?

Wirklich?

Oder vielleicht ist es ja so, wie uns die Religionen lehren, dass das Böse eigenständig, ein uranfänglicher, erdgebundener Nebel oder eine ekelhafte Energiemischung ist, begabt mit eigenem Willen und eigener Intelligenz, und dass dieses Böse im Paradies lauert wie eine Kakerlake in Gottes Küche? Befeuert und versorgt von … nun, offenbar ist diese Frage bisher niemandem eingefallen. Unzureichend, um alles Gute an sich zu reißen, jedoch verdorben genug, um sich unbesiegt zu behaupten und wacker standzuhalten gegenüber Gott.

Ergibt das einen Sinn?

Kann irgendeine dieser Vorstellungen auch nur im Entferntesten zutreffen, wenn man bedenkt …

- dass es Vögel gibt, die für Ohren singen, die Tag und Nacht, vierundzwanzig Stunden lang hören können?
- dass in den Tiefen Kreaturen leben, die emporschnellen, herumwirbeln und springen, nur weil es ihnen Freude bereitet?
- dass es »pelzige Freunde« gibt, die ebenso innig lieben, wie sie geliebt werden?
- dass Blumen von so erlesener Schönheit blühen, deren Existenz sich nur erklären lässt, wenn man annimmt, dass sie zur Freude des menschlichen Auges erschaffen wurden?

Ja, müsste diese Pracht denn nicht beweisen, dass du jetzt im magischsten aller je vorgestellten Märchen lebst, in dem es weder Platz gibt für einen bösen Butzemann noch Bedarf für so einen üblen Gesellen?

»Tut mir leid, die Erde ist so groß, da kann es nicht immer gerecht zugehen«, sagt die göttliche Intelligenz.

Überprüfe deine Prämissen

Hat es da vielleicht irgendeine Art himmlisches Versehen gegeben? Irgendeinen Fehler? Sind die Dinge so außer Kontrolle geraten, dass die Erde nun eine Reihe von Wahrscheinlichkeiten auslebt, die das Göttliche gar nicht vorhergesehen hatte, als unser Planet anfangs so strahlend und schön im Nachthimmel hing?

Oder könnte es vielleicht sein, rein hypothetisch betrachtet, dass die Frage nach dem »Geschehen böser Dinge« auf verhängnisvolle Weise falsch gestellt ist? Möglicherweise bilden wir uns ja nur ein, dass Böses geschieht? Das würde heißen, dass Böses *nicht* geschieht. Dass nichts sinnlos ist. Dass »unerwartet« einfach nur unvorhergesehen bedeutet, aber nicht schicksalhaft.

Nun, wäre das sinnvoll? Würde man nicht erwarten, dass in diesem Königreich, dem Zuhause des Göttlichen, und in Anbetracht all der Pracht und Ordnung überall, dass dort alle Ereignisse sinnvoll sind und einem konstruktiven Zweck dienen? Das wäre doch einleuchtend, oder? Wenn da nicht massive, überall sichtbare Beweise für das Gegenteil vorlägen, hättest du in »Gottes Küche« irgendwelche Gemeinheiten erwartet? Nie im Leben! Stimmt's?

Das wäre sinnvoll! Ein glorreiches Bollwerk der Vollkommenheit, ein treibender, in die Milchstraßengalaxie eingebetteter Smaragd vom ersten Tag an und für alle Zeiten ein Garten Eden? So würde es stimmen! Ein Ort, an dem alles glitzert und glänzt; wo alles liebt, liebenswert ist und dient? Ist es nicht das, was du vom Göttlichen erwartest? Halleluja!

Bei so vielem, das Hand und Fuß hat, wollen wir uns noch einmal den scheinbar überall sichtbaren Beweisen für das Gegenteil zuwenden und sie genauer betrachten.

Wasser kehrt immer in
die Waagerechte zurück

Sicher bist du inzwischen ebenfalls der Meinung, dass aus Gedanken Dinge werden. Vielleicht bist du noch nicht von der beherrschenden Absolutheit dieses Konzepts überzeugt, aber das wird noch kommen.

Du musst auch kein Hippie im Batikhemd sein, um zu begreifen, was die energetische Vibration eines Menschen ist: Dass sie, wenn ihr Denken und Empfinden warm und verschwommen ist, in dieser Qualität vibriert und entsprechend Warmes und Verschwommenes anzieht – Situationen, Personen, was auch immer. Wenn ihr Denken und Fühlen negativ und wütend ist, dann vibriert sie negativ und wütend und zieht ähnliche Qualitäten an. Verstanden? Man könnte also die Vibration eines Menschen im Hinblick auf ein bestimmtes Subjekt mit der Kombination aus seinen Gedanken, Vorstellungen und Erwartungen gleichsetzen (ich fasse diese Dreiheit für gewöhnlich unter dem Begriff »Gedanken« zusammen).

Ich glaube, du weißt schon, wohin das führt: Positive Gedanken bewirken positive und negative Gedanken negative Manifestationen. Und vermutlich ahnst du auch schon, dass ich das Leben gerade deshalb für gerecht halte. Diese Schlussfolgerung hält so mancher vielleicht für zu umfassend, zumal es uns in der Hektik des Lebens leicht entgeht, *wie* dieser Mechanismus funktioniert.

Fallstudie Nr. 1

Wir wollen jetzt einmal einen wunderbar positiven Menschen betrachten, dessen finanzenergetische Vibration ungefähr einem Eigenkapital von 25 000 Euro entspricht, und, um es uns einfach zu machen, wollen wir zudem annehmen, dass er diesen Betrag auf seinem Sparbuch hat. Damit dieses Beispiel zur Illustration taugt, ist das Bild natürlich stark vereinfacht. In Wahrheit sind unsere Vibrationen niemals so genau; sie schwanken ständig, wenn auch oft nur geringfügig, um die Veränderungen in unserer Weltsicht, in unseren Prioritäten, Überzeugungen und in unseren Reaktionen auf die Wirtschaft, Trends und ein Kaleidoskop anderer beweglicher Einflüsse zu reflektieren. Und bedenke, dass unsere finanzenergetische Vibration in unserer Vorstellung vermutlich nie nur *eine* Zahl ist, sondern ein Zusammenfluss aller unserer Gedanken, die direkt und indirekt in unserem Eigenkapital zusammenlaufen – in Zahlen ausgedrückt, materiell, spirituell, unsere Bonität betreffend und so weiter.

Mit einer bei 25 000 Euro festgemachten finanzenergetischen Vibration wird dieser Mensch in finanzieller Hinsicht immer bei einem Sparbuch mit 25 000 Euro ankommen oder dahin zurückkehren, ungeachtet dessen, was seine Gedanken ihm darüber hinaus im Leben sonst noch gestatten. Bewerkstelligt wird dies wie jede Manifestation durch eine bruchlose, oft kaum wahrnehmbare Verlagerung der Umstände, die seinen Kontostand bei 25 000 Euro hält.

Wenn diese Person außerdem meint, zum Opfer der Umstände werden zu können, ein hartes Leben zu führen und nur schwer voranzukommen, dann manifestiert sie möglicherweise ungewollt ein Loch im Dach ihres Hauses, dessen Reparatur sie 10 000 Euro kostet. Mit der Zeit und in Übereinstimmung mit ihren anderen Überzeugungen im Hinblick auf die Geschwindigkeit, in der man Vermögen ansammeln kann, und den Gelegenheiten, die sich hierzu bieten, und falls ihre finanzenergetische Vibration auf dem Stand von 25 000 Euro verharrt, werden die 10 000 Euro zu dieser Person zurückkehren. Vielleicht in Form eines Geschenks, das jemand ihr macht, einer Steuererstattung, einer Bonuszahlung, Vermittlungsgebühr, einem Lotteriegewinn oder, was am häufigsten ist, durch eine Kombination mehrerer kleinerer Beträge, die in verschiedenster Form bei ihr eintreffen. Für diesen Menschen besteht kein offensichtlicher Zusammenhang zwischen der Handwerkerrechnung und den nachfolgenden Kapitaleingängen, dennoch haben seine Gedanken, seine Vibrationen, auf direktem Weg beides ausgelöst.

In umgekehrter Richtung funktioniert dieser Mechanismus natürlich ebenfalls. Wenn sich ein plötzlicher unerwarteter Geldsegen einstellt – sagen wir, weitere 20 000 Euro, die durch die flüchtigen Gedanken und unüberlegten Handlungen anderer vielleicht in Form einer Erbschaft ermöglicht wurden – und die finanzenergetische Vibration dieser Person bei 25 000 Euro bleibt, dann wird der Geldsegen sich schließlich durch eine Reihe von Ausgaben, Reparaturen, großzügige Spenden oder teure Hobbys verflüchtigen und sie wieder bei 25 000 Euro anlangen lassen.

Es ist weder etwas Gutes noch etwas Schlechtes passiert. In der Gestalt von sich ganz normal verändernden Umständen, herbeigeführt durch die Vibration dieser Person, sind lediglich Gedanken zu Dingen geworden.

Die Mathematik hinter jeder Manifestation

Dieses stark vereinfachte Beispiel aus dem Finanzbereich hilft dir, in quantitativer Hinsicht die Prozesse zu erfassen, die beim Bewirken von Veränderung eine Rolle spielen. Nichtsdestotrotz durchdringt und beherrscht die Gleichung *Vibration + Aktion = Lebenserfahrung* die Erfahrung jedes einzelnen Lebens.

Diese Gleichung dominiert Gesundheit, Erleuchtung, Selbstvertrauen, Motivation, Kreativität, Freundschaften, Paarbeziehungen, Frieden, Schmerz, Geschäftsleben,

Spiel – ja, einfach alles! Zwar hast du eine angeborene Standardeinstellung im Hinblick auf Liebe, Freude, Gesundheit und alles Gute, doch ist es möglich, diese Voreinstellung durch Überzeugungen, die zu ihnen im Widerspruch stehen, außer Kraft zu setzen. Deine Überzeugungen produzieren zu ihnen passende Gedankenableger, und diese Gedankenableger machen sich, indem du dein Leben lebst (das heißt: handelst), selbständig, breiten sich aus und werden zu den Dingen in deinen Lebenserfahrungen. Deine energetische Vibration ist mächtig, *weil* sie Gedanken in dir hervorbringt, die dann zu Dingen werden:

Zusammenfluss von Überzeugungen ▸ energetische Vibration ▸ *Gedanken und Erwartungen* ▸ Aktion ▸ Zufälle, Unfälle, Glücksfälle ▸ Reaktion ▸ *Manifestation in Übereinstimmung mit vorhergehenden Gedanken und Erwartungen* ▸ (WIEDERHOLUNG, da sich entwickelnde Überzeugungen fließen und sich mischen, um eine passende Weltsicht mit weiter verstärkten Überzeugungen zu schaffen)

Oder einfacher:

Überzeugungen ▸ Vibration ▸ Gedanken ▸ Aktion ▸ Umstände ▸ Dinge

Oder noch einfacher:

Gedanken werden Dinge.

Und die Gründe?

Das ist das Wesen von Überzeugungen: Indem sie die fragende Vorstellungskraft (die Gedanken) ihres Besitzers inspirieren oder zum Schweigen bringen, gestatten oder verhindern sie die Entstehung neuer Welten.

Es spielt nicht die geringste Rolle, *warum* du etwas glaubst oder nicht, wie logisch oder unlogisch es auch zu sein scheint, wie vernünftig oder rücksichtslos, konservativ oder aggressiv, egoistisch oder uneigennützig; *dass* du es glaubst, reicht für die Manifestation völlig aus. Wie zuvor erwähnt, besteht natürlich eine sehr vage Notwendigkeit, dass sich individuelle Überzeugungen in Übereinstimmung mit den vorherrschenden Überzeugungen der Massen befinden, aber für dich im Hier und Jetzt heißt das mehr oder weniger, dass sie ebenfalls bereits deine Überzeugungen sind.

Entscheidend ist lediglich, dass die Überzeugung vorhanden ist (und die Vibration erzeugt), dass sie nicht im Widerspruch zu anderen – bekannten oder unbekannten – Überzeugungen steht, dass ihr Verfechter in die Welt tritt (und physisch handelt) und sich auf diese Weise empfänglich für ein gewaltiges Geflecht aus potenziellen Zufällen, Unfällen und Glücksfällen zeigt. Außerdem muss es dich angesichts deiner Neigung zum Erfolg und deiner Standardvoreinstellung hinsichtlich Freude, Gesundheit, Klarheit, Freunden, Fülle und allem anderen Guten nicht übermäßig quälen und beunruhigen, dass du dich quälst und beunruhigst – das ist normal! Tue einfach, was du tun kannst, mit den Mitteln, die dir dort, wo du jetzt angekommen bist, zur Verfügung stehen. Wenn du dazu noch die Wahrheit deiner Wirklichkeit und deines göttlichen Erbes erkennst, dann wird dich schon bald nichts mehr aufhalten können. Das bedeutet nicht, dass es für dich keine weiteren Herausforderungen mehr gibt, doch du wirst sie mehr und mehr als Geschenke begreifen, die dir zuvor unentdeckte Abkürzungen auf dem Weg zum Fortschritt offenbaren.

Manchmal hast du vielleicht den Eindruck, als wären deine Bemühungen umsonst, doch das Pendel braucht seine Zeit, um die Richtung zu wechseln. Und es schwingt immer. Und falls die Umstände das Pendel in dem einen Leben daran hindern, die Richtung zu wechseln, so werden sich die Ergebnisse im nächsten Leben zeigen, vorausgesetzt, das Energieniveau wird aufrechterhalten – das Phänomen des Karma. Stell dir zum Beispiel den barmherzigen Samariter vor, der in einem ordentlichen kleinen Haus mit perfekt gepflegtem Rasen lebt, freundlich und höflich ist und ohne zu murren den Abfall seiner Mitmenschen forträumt, der über die Parkplätze geweht wird und die Nachbarschaft verschmutzt. Ob er in diesem Leben zu gleichgesinnten Menschen hingezogen wird oder nicht, sei dahingestellt; seine gleichbleibende Vibration wird ihn jedoch spätestens in nachfolgenden Leben zu solchen Menschen, Gemeinschaften und in geistesverwandte Welten befördern.

Ähnlich verhält es sich mit dem Soldaten oder Kämpfer, der davon überzeugt ist, dass Menschen brutal, gewalttätig und böse sind, und der nach dem Motto »Du oder ich« lebt. Für seine Gewalt kann es gute Gründe geben, wenn er sich mit seinen Idealen anderen überlegen und auch in zukünftigen Inkarnationen von entsprechenden gewaltbereiten Menschen, Gruppen und Welten so lange angezogen fühlt, bis er schließlich sein Denken verändert. Seine Vibration wird Umstände herbeiführen, in denen er sich gegen oder auf die Seite von Gleichgesinnten stellt. Auf diesem Wege wird ihm seine Vibration seine Überzeugungen umfassend und unanfechtbar bestätigen. Solche Zyklen würden sich bis in alle Ewigkeit wiederholen, wäre da nicht *deine angeborene Neigung zum Guten*, die eingebaute Erfolgswahrscheinlichkeit und die zuvor beschriebene Standardvoreinstellung, die jede für sich allein bereits ausreicht, dich auf natürliche Weise zurück in den Schoß der Wahrheit zu führen.

Zwischenzeitlich kann es den Anschein haben, als könnten andere zu dem, was du hast und bist, etwas hinzufügen oder wegnehmen. Doch letztendlich wird das, was du hast und was du bist, ausschließlich von deinen Gedanken, Überzeugungen und Erwartungen beeinflusst. So sind die Spielregeln in Zeit und Raum. Du darfst dir aus dem Äther alles holen, was zu deiner Vibration passt. Bisher allerdings wurden unangenehme Zufälle und ungünstige Fügungen – die dich eigentlich nur für zukünftige Manifestationen in Position bringen, die du selbst da draußen »bestellt« hast – außerhalb des Gesamtzusammenhangs betrachtet und deshalb für schlecht befunden.

Zu simpel? Gleich mehr zu diesem Thema.

Du geschiehst dem Leben

Damit eine physische Welt entstehen kann, die mit allen deinen Vibrationen übereinstimmt, geschieht Leben. Entscheidend ist, dass du zuerst einmal begreifst, dass deine Vibrationen zuerst kommen.

Tatsächlich ist es treffender, zu sagen, *dass du dem Leben geschiehst* und dass das Leben dann reagiert. Du warst zuerst da, weißt du noch? Deinetwegen gibt es das Leben, und deinetwegen geht die Sonne weiterhin jeden Tag auf. Du bist der Schöpfer. Nicht der einzige Schöpfer, aber das Epizentrum der Energie, die in deinem Leben die Manifestationen herbeiführt. Im Übrigen ist das Leben nicht zu zehn Prozent, was du aus ihm machst, und zu neunzig Prozent, wie du es nimmst. Es ist zu hundert Prozent, was du aus ihm machst!

Sicherlich, du bist gerade erst im Begriff aufzuwachen, also hält der Weg Überraschungen für dich bereit – Überraschungen, die du unwissentlich selbst erschaffst. Und wenn dies geschieht, dann spiele unbedingt mit. Mach dir bewusst, dass die Wies und Warums schon bald ihren Sinn offenbaren werden. Ziehe keine voreiligen Schlüsse, wenn dich etwas überrascht, ob nun positiv oder negativ. Es ist wichtig, dass du Überraschungen annimmst, allerdings nicht mit der Einstellung, dass du ihnen gegenüber machtlos bist. Dies zu denken, macht dich machtlos! Du kannst unmöglich mächtiger sein, als du es bereits bist. Doch wenn du denkst ...

- dass dir das Leben geschieht,
- dass unangenehme Dinge zufällig, ohne Grund oder Sinn passieren,
- dass jeder als Opfer enden kann und
- dass andere Menschen deine Erfahrungen verursachen,

dann kannst du genauso gut glauben, dass die geheiligten Sphären ein zufälliges Nebenprodukt aus Sternenstaub sind, der sich vor Jahrmillionen ohne Sinn und Verstand zusammengeballt hat, aufgrund glücklicher Umstände in ein warmes Gewässer klatschte und entgegen aller Wahrscheinlichkeit Kiemen, Flossen und ausreichende Intelligenz entwickelte, um schließlich auf der Erde aufrecht zu gehen und irgendwann hochhackige Schuhe zu tragen!

Doch wenn du stattdessen die Wahrheit annimmst ...

- dann geschiehst du dem Leben,
- dann passiert alles aus gutem Grund,
- dann können dir andere nichts anhaben, und
- dann bist du der Schöpfer deiner Erfahrungen

und hast begriffen, wie das Leben funktioniert. Du bist dir deiner Neigung zum Erfolg gewiss und wirst, wenn etwas Unerwartetes geschieht, spielend damit fertig; du weißt dann nämlich, dass du manchmal im Leben einen Rückschritt in Kauf nehmen musst, um anschließend umso rascher voranzukommen.

Die beste Neuigkeit

Vergessen wir also, wie die Dinge zu sein scheinen, da das Äußere ja doch nur ein Produkt von Gedanken, Überzeugungen und Vibrationen ist. Eine Person, die eine Million Euro gewinnt – oder verliert –, ist ganz alleine dafür verantwortlich, da die äußere Welt letztlich nur ein Spiegelbild ihrer inneren ist. Diese Person wird das Geld behalten, es mehren oder verlieren – je nachdem, welche finanzenergetische Vibration sie aufrechterhält. Jedes Glück oder Unglück, jede Glücks- oder Pechsträhne, jede Wendung in ihrem Leben, egal in welche Richtung, ist selbstgeschaffen. Und da wir dies nun endlich wissen, hat jeder Mensch Gelegenheit, willentlich selbst sein Glück den eigenen Vorstellungen entsprechend zu gestalten!

Fallstudie Nr. 2

Wir wollen wieder eine hypothetische finanzielle Situation als Beispiel heranziehen, weil ihr quantitativer Charakter unseren illustrativen Zwecken am besten dient. Dennoch sei ausdrücklich daran erinnert: Was für die Finanzen gilt, ist auch gültig für Liebe, Gesundheit, Glück und alles, was dein Herz begehrt. Stellen wir uns also einen Industriemagnaten mit einem Eigenkapital (einer finanz-energetischen Vibration) von einer Million Euro vor, der in einem Jahr, weil er aus irgendwelchen Gründen ungewohnt optimistischer denkt als sonst, über sein Ziel hinausschießt und sein Eigenkapital auf 1,7 Millionen steigert. Sollte seine Vibration bei einer Million verharren, dann werden sich die 700 000 Euro Überschuss schließlich »in Luft auflösen«.

In unserem ausgedachten Beispiel könnten wir uns zudem vorstellen, dass sich der Magnat mit seinem Überschuss auf zwielichtige Investitionsgeschäfte einlässt und das Geld dabei verliert – was selbstverständlich nur dann geschehen kann, wenn dies mit seinen übrigen Vibrationen, die sein Leben dirigieren, übereinstimmt. Auch wenn es natürlich einen »Schuft« – nämlich den Investitionsvermittler – in dieser Konstellation gibt, ist die eigentliche Ursache für den finanziellen Verlust die niedrige Vibration des Magnaten, nicht der Schuft! Das »Opfer« und der »Dieb« haben einander angezogen, weil sie beide aneinander glauben und einander brauchen, um die Manifestationen zu erwirken, die zu ihren jeweiligen Vibrationen passen.

Dreht man die Gleichung um, dann zeigt sich, dass auf ebendiese Weise jedes Vermögen gemacht und jedes nur vorstellbare Glück bewirkt wird. Erstens ist da jemand, der glaubt: »So könnte es mir ergehen ... ich bin dafür gewitzt

genug … ich habe das verdient … Gott zieht mich vor …
ich habe alle nötigen Vorarbeiten geleistet.« Auch hier
gilt wieder: Die Gründe sind gleichgültig. Und zweitens:
Derjenige, der dies ohne innere Widersprüche glaubt –
nicht nur behauptet, es zu glauben, sondern wirklich fel-
senfest davon überzeugt ist – und zudem regelmäßig physisch vor Ort ist, wird auf legitimem oder illegitimem Weg,
je nach Ausprägung seiner Überzeugungen, ein Vermögen
anhäufen.

Gemein, stimmt's? Jedenfalls auf den ersten Blick. Dahin sind alle Ausreden. Aber auch unglaublich ermächti-
gend! Wahnsinn! Fantastisch! Was könnte besser sein?
Was könnte leichter sein? Dein Los gefällt dir nicht? *Verändere es!* Denke es, spüre es, erwarte es, tue so als ob, sei
da und sei vorbereitet auf Überraschungen.

Allerdings entschuldigt nichts von alledem das Verhalten des Schuftes, und es bedeutet auch nicht, dass er seinem Richter entgehen wird. Auch wäre es falsch zu glauben, dass der Industriemagnat es verdient hat, auf diese
zwielichtigen Investitionsgeschäfte hereinzufallen, oder
dass das Opfer schuld ist.

Schauerlich oder nicht?

Je nachdem, wohin deine Schöpfungen dich bislang im
Leben geführt haben, empfindest du die vorangegangenen
Vorstellungen vielleicht anfangs als befremdend oder
schmerzlich, doch tatsächlich ist die Wahrheit deine Ret-
tung. Sie stellt deine Macht wieder her und gibt dir gute
Gründe zu hoffen. Und bitte vergiss nicht: Dieses Buch ist

nur der Überbringer der Botschaft. Ein Arzt, der Aids erklärt, will die schreckliche Krankheit damit auch nicht rechtfertigen oder billigen oder sie gar leugnen, und so sind auch meine Darlegungen lediglich die Beschreibung der unbeugsamen, vorurteilsfreien Logistik, die hinter allen Zeit-Raum-Schöpfungen steht. Selbstverständlich gibt es keinen unschuldigen Bösewicht, und ich wiederhole, dass es vollkommen inakzeptabel ist, anderen Menschen Gewalt anzutun, ganz egal in welcher Form und unter welchen Umständen. Dennoch sind die Auswirkungen dieser Erkenntnisse über das Funktionieren des Lebens einfach atemberaubend – und das genaue Gegenteil der alten Weltsicht, der sich praktisch jeder zuordnet, der je gelebt hat.

Es ist erheblich leichter und in politischer Hinsicht auch zu bevorzugen, wenn man glaubt, dass es böse Menschen gibt, die böse Dinge tun, und dass sie vom Teufel, der sie überhaupt erst angestiftet hat, in der Hölle dafür bis in alle Ewigkeit bestraft werden. Es ist auch viel leichter zu glauben, dass man das Opfer anderer geworden ist, die ihren Nutzen aus einem gezogen haben, statt dass man sich als das Opfer seiner eigenen Naivität und Neugier erkennt. Jedenfalls war es früher leichter, solchen Erklärungen Glauben zu schenken. Doch du bist jetzt im Begriff zu erwachen, und da gibt es keinen Weg zurück.

Es gibt keine bösen Menschen, sondern nur verirrte Menschen, die böse Dinge tun. Außerdem gibt es kranke Menschen. Abartige Menschen. Verstörte Menschen. Viele verschiedene Menschen, die jedoch alle irgendwann wie du aufgebrochen sind als Teilchen Gottes auf der Suche nach ihrem Weg durch die Sphären von Zeit und Raum. Jeder von ihnen mit guten Vorsätzen, doch mancher so grundlegend verwirrt oder noch derart unerfahren in Zeit und Raum, dass er sich unerträglich benimmt. Der Unterschied zwischen dir und diesen Menschen könnte darin bestehen, dass du tausend, zehntausend Mal mehr gelebt hast, während sie vielleicht noch richtige Babys sind, durch und durch verängstigt und mit nichts anderem ausgestattet als einem Selbstverteidigungsmechanismus in Form von Hass, Wut, Verachtung, Manipulation, Nötigung und Gewalt. Es ist ja nicht so, dass im Leben oder zwischen zwei Menschen immer alles gleich bliebe. Nichts bleibt je immer gleich.

Mehr als alle anderen brauchen gerade die Verlorenen Liebe. Hilfe. Führung. Geduld. Doch wenn sie sich zu weit von der Wahrheit entfernt haben, dann wird ihr gegenwärtiges Leben vermutlich nicht annähernd lang genug währen, um den Weg zurück zu Gleichgewicht und Klarheit zu finden. Sie werden nicht sicher sein, weder vor sich selbst noch vor anderen, die wie sie glauben, dass die Welt ein schlechter Ort ist. Sie bedürfen der Wiedereingliederung in eine liebevolle, unterstützende Umgebung. Doch wenn die Gesellschaft glaubt, eine solche Umgebung zu schaffen sei nicht machbar, ob nun in emotionaler oder finanzieller Hinsicht, dann müssen Gefängnisse und Anstalten wohl weiterhin ausreichen.

Lasset die Kindlein

Unabhängig davon, wie viele Leben jemand gelebt hat, wir alle sind alte Gladiatoren der Liebe und Freude. Auch das physische Alter der Menschen, ob eines kleinen Kindes oder eines Anfängers, ist nicht wichtig; sie alle sind uralt. Und die Ursachen für Leid sind unzählig.

Wenn die schrecklichsten Dinge ausgerechnet den Unschuldigsten zustoßen, dann …

- vielleicht, weil sie uralte Gladiatoren sind, die Unabgeschlossenes aus einem früheren Leben hinübergetragen haben, oder
- vielleicht, weil sie sich auf eine bestimmte Bühne zu bestimmten Menschen gestellt haben, um es anderen zu ersparen, oder
- vielleicht, weil es ursprünglich eine Gelegenheit gab, um die Übertretung zu verhindern, die aber nicht zum Tragen kam, oder
- vielleicht, weil die betreffende Person, wie kurz ihr Leben auch gewesen sein mag, schon erreicht hatte, wofür sie gekommen war, und ihr trauriges Ende eine für sie viel unbedeutendere Rolle spielte als für diejenigen, die sie überlebten und die vielleicht nur deshalb ihre selbstgewählten Lektionen abarbeiten konnten, oder
- vielleicht, weil es vielfache Gründe für die Übertretung gab, von denen möglicherweise einer war, die Aufmerksamkeit anderer zu erregen – von Familienmitgliedern, geliebten Menschen, einer Nation oder der ganzen Welt –, damit vergleichbare Greueltaten sichtbar gemacht und beendet werden konnten.

In welchem dieser Fälle wäre das Opfer nicht ein beeindruckender Held?

Bitte sei geduldig; in Anbetracht der Zeiten, in denen wir leben, sind diese Vorstellungen überwältigend und neu. Es folgt noch weiterer Stoff, der dir Handhabe liefert, mit diesem radikalen Ansatz klarzukommen. Bis dahin besteht kein Zweifel, dass in Zeit und Raum abscheuliche und grauenhafte Dinge geschehen, doch wirst du sie nicht begreifen, wenn du dich darauf beschränkst, allein mit den

Augen zu sehen. Öffne dein Herz und deinen Geist, denn auch hier, selbst wenn die Umstände noch so ungerecht sind, wirst du, wenn du sie in einem größeren Zusammenhang betrachtest, erkennen, dass Absicht, Heilung, Ordnung und Liebe immer gegenwärtig waren.

Schuld – und noch mehr Schuldzuweisungen an das Opfer?

»Was? Wer stolpert und fällt oder wer von anderen verletzt und zum Opfer gemacht wird, soll selbst schuld dran sein und hat sich alles selbst eingebrockt?«

Wenn die Wahrheit sich unseren Augen offenbart, die zu lange verschlossen waren, dann sehen wir uns mit dem häufigen Vorwurf konfrontiert, dass dies doch nur wieder Schuldzuweisungen an das Opfer seien. Doch diese Worte unterstellen etwas, das nicht zutrifft. Schuld ist nichts, was einen unsterblichen Schöpfer, der sich soeben in die Schöpferschule eingeschrieben hat, überhaupt tangieren sollte.

Stell dir ein Kind vor, das gerade seine ersten Schritte macht. Wie nicht anders zu erwarten, stolpert es und fällt hin. Tut sich damit eine Schuldfrage auf? Ist das Kind selbst schuld? Man könnte die Frage bejahen, aber kann man sie so überhaupt stellen? Trägt die Schuldzuweisung zum Verständnis der Situation bei? Oder ist sie nicht vielmehr übertrieben negativ und unangemessen? Und was noch hinzukommt: Diese Betrachtungsweise interpretiert das Ereignis als abgeschlossene Geschichte und spricht ihm seinen Prozesscharakter ab, sieht also nur das Ziel und nicht die Reise.

Wie wäre es mit dieser Reaktion: »Sieh nur! Unser Kleiner lernt gehen! Er hat seine ersten Schritte gemacht!« Hier findet sich keine indirekte Schuldzuweisung. Man würde einem Kleinkind ja auch nie die Schuld geben, weil es wackelig umhertapst und hinfällt. Hier geht es um mehr als um die Überlegung, ob das Glas halbvoll oder halbleer ist. Mit deiner neu gewonnenen Perspektive erkennst du, dass hier ein Prozess im Gange ist, nämlich gehen zu lernen, und dass dieser Prozess weit umfassender ist als seine Bestandteile, d. h. ein einzelner Schritt oder Fehltritt. Gemeint ist ein Prozess, der den Eingeweihten in neue Reiche der Beweglichkeit, des Abenteuers und Lernens führen wird. Ja, in Wahrheit ist das Glas voll: halb mit Wasser, halb mit Luft.

Das Leben ist ein vergleichbarer Prozess, der zu so unglaublichen Abenteuern und zu so erstaunlichem Wachstum führt, dass man es sich aus dem Inneren der Illusionen heraus gar nicht vorzustellen vermag. Doch das Leben genügt sich selbst, und wie großartig die bevorstehenden Abenteuer auch zu sein versprechen, der gegenwärtige Augenblick allein ist schon groß genug, um praktisch jeden sofort zu mehr Spaß und einem glücklicheren Leben zu veranlassen. Du hast dich in die Schöpferschule eingeschrieben, doch bist du nicht im Harvard des Universums gelandet, sondern eher im Kindergarten – mit kichernden Freunden, täglichen Ausflügen und Glitzersternchen, die man erhält, nur weil man gekommen ist. Konzentriere dich nicht auf das Schreckliche, sondern auf das Schöne, nicht auf das Schwere und Komplizierte, sondern auf das, was dir leicht ist und dich glücklich macht. Regenbogen, Schmetterlinge, den Schnee, der fällt. Freundlichkeit, Umarmungen und Küsse. Delphine, Lavendel und Beethoven.

Ist das Leben gerecht?

Das Leben ist wie ein nächtlicher Traum. Du erschaffst es aus gutem Grund – um der Lektionen und des Abenteuers willen. Das Leben hat Sinn, Ordnung und Bedeutung, doch du vergisst, dass du es erschaffen hast, weil du seine Lektionen und Geheimnisse nur kennenlernen kannst, wenn du (wenigstens flüchtig) glaubst, dass es Wirklichkeit ist. Alles ist gut. Und sobald der Traum vorüber ist, erscheint er durch und durch sinnvoll. Du wirst sehen, er bringt sich selbst spontan ins Gleichgewicht. Lass dich nicht von den linearen Zeitsequenzen und den starren Requisiten täuschen; Sequenzen folgen der Intention, Formen verändern sich, wenn du blinzelst, und Vergangenheiten werden Augenblick um Augenblick neu erschaffen. Nein, du wirst niemals dazu in der Lage sein, mit deinem Verstand all das zu erfassen. Aber das musst du auch nicht, um zu spüren, was abläuft. Höre auf, das Opfer zu spielen, setze dich in Bewegung und erhebe dich.

Deine physischen Sinne nehmen nahezu nichts wahr von der Magie, der Liebe und den Gründen für die Wunder, die fast an jedem Augenblick deines Lebens Anteil haben. Doch dir stehen andere Möglichkeiten zur Verfügung. Du verfügst über innere Sinne: Intellekt, Intuition und Gefühle. Nutze sie, um die Lügen zu entfernen. Entdecke die Wahrheiten, die dich befreien und dir Flügel verleihen, während du noch ein wenig länger hier auf Erden ausharrst, wo …

1. es nichts ausmacht, wo du gewesen bist – es dient dir in jedem Fall,
2. es nicht einmal etwas ausmacht, wo du jetzt bist, denn wo du bist ist nie, wer du bist, und

3. du heute mit neuen Gedanken, Worten und Handlungen einsetzen und eine neue Vibration schaffen kannst, die dann anfängt, eigene glückliche Umstände zu orchestrieren, damit du voran- und höher hinauskommst, reicher und glücklicher wirst. So ist es!

Du hast recht, das Leben ist nicht gerecht. Die Chancen stehen in einem solchen Ausmaß zu deinen Gunsten, dass es schier unglaublich ist!

Von einem geliebten Verstorbenen

Liebe Lottobetreiber,
die bösen Briefe, die ich euch eine Weile geschickt habe – ich glaube, einer pro Tag war es schon –, sie tun mir echt leid.
Ich hab's kapiert. Nichts war manipuliert. Es lag nicht daran, dass ich kein Glück hatte. Und mit Rassismus hatte die Sache auch nichts zu tun.
Gedanken werden Dinge. Emotionen herrschen. Ihre Intensität und die eigene Erwartung sind die entscheidenden Faktoren, die aus den Möglichkeiten des Lebens die nächsten Requisiten und Ereignisse heranziehen. Es spielt keine Rolle, wie viele Lottoscheine jemand kauft, es sei denn, dass er dann stärker an seine Gewinnchance glaubt. Die Statistik misst nur das Vergangene, nicht das Gegenwärtige und schon gar nicht das Zukünftige. Und alles, was nötig ist, um das Leben zu führen, das man sich vorgestellt hat, wird arrangiert durch die unglaublichsten Gewinne, Verluste, Inspirationen, Freunde und Feinde – was eben gerade erforderlich ist, um die Vorstellungen in der physischen Welt zu verwirklichen.
Nun, ich habe wirklich geglaubt, dass ich gewinnen kann. Sonst hätte ich die Lottoscheine ja nicht gekauft! Und ich habe so oft visualisiert, meistens abends vor dem Einschlafen, dass ganze

Welten geboren wurden. Doch nun begreife ich, dass der Unter-
schied zwischen Soll und Haben in den anderen, nicht einge-
standenen Überzeugungen verborgen liegt. So war ich davon
überzeugt, dass die Welt ungerecht und Geld etwas Unspirituel-
les ist (wobei ich mich trotz meiner bösen Briefe sehr darum be-
mühte, spirituell zu sein), dass das Leben eine Prüfung ist, dass
Gott entscheidet, wer was bekommt, dass ich es nicht verdient
habe, zu gewinnen oder Geld zu haben oder glücklich zu sein …
Komisch, wie ich jetzt von hier aus überall in Zeit und Raum Geld
sehe. Jeder hat es. Sogar ich hatte es, doch weil ich mich nur
auf das konzentrierte, was ich nicht hatte, fühlte ich mich arm.
Und Gefühle zu allem Möglichen scheinen sich aufrechtzuerhal-
ten und unser Leben dann so zu gestalten, dass es zu ihnen
passt. Es ist ein Wunder, dass es mir gelungen ist, etwas Wert-
volles zu behalten. Dass es mir gelungen ist, heißt aber wahr-
scheinlich auch nur, dass ich positiver eingestellt war, als ich es
mir jetzt eingestehen will.
Von hier aus kann ich gar nicht anders als bemerken, wie viele
Menschen Wohlstand anziehen, indem sie die einfachsten Din-
ge tun – etwa einer steten Arbeit nachgehen! Wirklich! Als ich
noch lebte, hätte ich dort am wenigsten nach Wohlstand ge-
sucht. Es ist nicht wichtig, ob man für sich selbst oder für andere
arbeitet. Arbeit ist der schnellste und leichteste Weg, um die fi-
nanziellen Schleusentore zu öffnen. Wer hätte das gedacht?
Klug arbeiten, Fragen stellen, früh dran sein, lange bleiben und
sich, man glaubt es kaum, mit dem beschäftigen, was gut und
richtig ist, mit dem, der du schon bist, und mit allem, was du
schon hast und geleistet hast. Und zwar nicht nur in tollen, ex-
travaganten Jobs, wo man lange, ausgefallene Titel hat und
jede Menge Bildung; die Leute, die am meisten verdienen, ha-
ben im Allgemeinen meistens weder das eine noch das andere.
Zieht doch los und schaut euch um, ob das nicht immer noch
genauso ist.
Schon lustig, dass ich und so viele andere mit mir der Überzeu-

gung waren, man könne am schnellsten durch einen Lottogewinn zu Geld kommen. Wo es doch so viele leichtere und flottere Methoden gibt – wie zum Beispiel einfach dein Leben zu führen und Spaß zu haben. Spaß! Jeder, der glücklich ist, wirkt wie ein Geldmagnet. Mit einem Lotteriegewinn zu Vermögen kommen zu wollen – als ob das die einzige Möglichkeit wäre, reich zu werden! Diese Methode ist der schnellste Weg zu Langeweile und Elend, selbst wenn sich der Gewinn doch noch irgendwie einstellt.

Glücklich zu sein macht dich zum Magneten für alles. Von hier aus kann man erkennen, dass wirklich glückliche Menschen sich von ihrer Freude leiten lassen. Und deshalb haben sie automatisch Träume, mit denen sie physisch tanzen, mit denen sie es jeden Tag in der Welt krachen lassen. Sie brauchen nicht einmal an Geld zu denken, um Geld zu haben; an Gesundheit, um gesund zu sein, an Freunde, um Freunde zu haben, an Klarheit, um klar zu denken, an gute Gelegenheiten, um sie zu finden … Alles fühlt sich zu ihnen hingezogen, weil ihr Glück sich aufrechterhält – nicht so, als seien sie grundlos glücklich, sondern weil sie aus tausenderlei Gründen glücklich sind, materiell und ätherisch. Ihre Vibration ruft günstige Umstände herbei, neue Freunde, Geld, Selbstvertrauen, Inspiration und alles, was erforderlich ist, um weiterhin auf die Weise glücklich zu sein, wie sie ihr Glück definieren. Es stimmt, Gedanken werden Dinge, aber glückliche Gedanken werden zu guten Dingen, und das ist es, was wahres Glück bedeutet. Wahnsinn, ihr Lottoleute! Das ist ein Riesending! Das Leben ist nicht nur gerecht, es ist mehr als gerecht – es ist ein endloses Bankett für alle, die die Wahrheit leben.

Nichts ist so, wie es in Zeit und Raum zu sein scheint, und schon gar nicht für Menschen, die ständig in Eile sind. Unweigerlich wird sich eine Abkürzung als Umweg erweisen, der leichte Weg als der schwere. Hingegen ist, was langsam und schwer zu sein scheint, weder das eine noch das andere. Von jetzt an wähle ich den »glücklichen Weg«, dann spielt die Zeit gar keine Rolle mehr.

Nun, ihr lieben Lottoleute, von euch habe ich eine Menge ge-
lernt. Richtig viel sogar. Keine Frage, momentan fühle ich mich
als echter Gewinner. Wie gesagt, ich hoffe, ich bin euch mit mei-
nen früheren Briefen nicht zu sehr auf den Geist gegangen. Und
ich hoffe auch, dass sich dieser Brief jetzt nicht ungünstig auf
eure Verkaufszahlen auswirkt.

Auf dem Weg zu Großem,
Jethro

Mehr sehen, schneller genesen, besser schlafen

Den Müden bleibt wenig Zeit, sich auszuruhen, vor allem denen nicht, die unter ihrer Vergangenheit leiden und den Schmerz all jener Menschen spüren, die überall auf der Welt leiden. Mit diesen Worten soll ihre Erfahrung weder kleingeredet noch negiert werden. Sie sind lediglich ein Angebot, damit du sie besser verstehst, während du Trost spendest und dich dafür einsetzt, zukünftige Manifestationen des Schmerzes einzuschränken.

Sieh mehr. Blicke mit Verständnis in die Welt. Hilf anderen, ihre Macht zurückzuerlangen. Hilf dir selbst, damit auch du deine Macht wiederfindest. Das Leben wartet. Du bist gesegnet.

Kapitel 9

Dein alter Streichelzoo ist noch genauso verrückt

Es wäre dir ja wohl kaum in den Sinn gekommen, dass es anders sein könnte, oder?

Wenn so entsetzliche Dinge wie Krebs tatsächlich Geschenke gewähren, die das Leben verändern, wenn Rückschläge in Wahrheit ein abgekartetes Spiel sind, um Größe zu bewirken, und wenn sogar der Tod eigentlich ein Treffpunkt für Liebende ist, dann kannst du dir doch bestimmt vorstellen, dass die Pläne Gottes für seine pelzigen Freunde nicht weniger überwältigend sind. Schließlich sind sie selbst Teilchen Gottes, die in Liebe erstrahlen; und zudem sind unsere Haustiere ihr ganzes Leben lang und darüber hinaus unsere besten Freunde.

So ist es. Waldi und Mitzi schenken dir nicht nur ihre Liebe; ihre Anwesenheit in deinem Leben ist außerdem eine weitere Einladung an dich, so zu lieben, wie du es sonst nicht vermögen würdest. In ihren Lektionen lehren sie dich Mitgefühl, Toleranz, Geduld oder was sonst dir noch fehlt. Es ist nicht ihre Aufgabe, dich zu prüfen, vielmehr helfen sie dir, die Stürme zu überstehen, die deine auf Missverständnissen beruhenden, von dir geschaffenen Prüfungen erst auslösen.

Das Göttliche kennt gewitzte Wege. Damit ist nicht gemeint, wie oft angenommen wird, dass es die Drehungen und Windungen deines Lebens organisiert – das tust du selbst! Es zeigt sich ausgefuchst in seiner Erschaffung, in der alles Sinn und Tiefe hat und alles dich und somit sich selbst wachsen lässt. Damit sind auch die Haustiere gemeint, denen du dich mit Liebe zuwendest.

Wenn du, der du in Illusionen schwimmst, das Leben

deines Gefährten entschwinden siehst, dann erfassen dich Verzweiflung, Trauer und ein schmerzliches Verlustgefühl. Gott ist in dein Leben getreten und hat es wieder verlassen, so will es scheinen. Doch Verluste sind nur dann niederschmetternd, wenn du sie für dauerhaft hältst; doch von Dauer sind sie nie. Deine geliebten Verstorbenen, ob Menschen oder Tiere, sind bei dir. So glücklich wie immer. Und ihr werdet einander wieder begegnen, nur um euch noch inniger zu lieben. Du wirst sehen, nichts ist verloren, nur gewonnen – auch das wollen die Toten dir nur allzu gerne erzählen.

Bewusstsein von Tieren

Das Bewusstsein der Tiere unterscheidet sich von deinem insofern, als Tiere nicht deine Fähigkeiten zur Selbstbetrachtung besitzen. Sie sind sich ihrer selbst nicht so bewusst wie du, deshalb erwarten sie im Allgemeinen nichts und werten auch nicht.

Daraus folgt, dass ihnen die Vergangenheit und die Zukunft nichts bedeuten und dass sie sich deshalb fast vollständig auf die Gegenwart konzentrieren. Ihre Instinkte reichen aus, um sie zu klugem Verhalten zu veranlassen und um ihr Überleben zu sichern. Davon abgesehen haben sie aber genau die gleichen Gefühle wie du, und auch aus den gleichen Gründen, allerdings für gewöhnlich unmittelbarer und gesünder dosiert.

Doch trotz ihrer Fokussierung auf den Augenblick sind Tiere keine Schöpfer wie Menschen; ihre Gedanken verwandeln sich nicht in Dinge. Sie reagieren auf die Welt, sie projizieren sie nicht. Aber sie sind ebenfalls reiner Gott, von Gott, durch Gott. Sie existieren …

1. um die Magie des Lebens wahrzunehmen, sie zu erfahren und in ihr zu schwelgen, und
2. um neue Dimensionen des Lernens für all jene zu schaffen, die zur Selbstbetrachtung fähig sind wie du.

Dies gelingt ihnen, indem sie kreativ im Augenblick leben, Impulsen, Trieben und ihrer angeborenen Freude am Spielen und Erkunden folgen. Außerdem machen sie allein durch ihre Anwesenheit die Welt für uns interessanter, vielfältiger, lustiger und interaktiver, wobei sie zugleich ausgleichend auf das Ökosystem wirken, Zeit und Raum zusätzliche Glaubwürdigkeit verleihen und uns darin unterstützen, nicht zu sehr in Selbstbetrachtung zu versinken.

Im Allgemeinen kommt es bei Tieren, die nicht auf den Menschen bezogen sind, nicht zur Reinkarnation, weil ihnen in diesem Fall Unerledigtes und damit eine vorausgerichtete Vision fehlt. Tierbewusstsein fließt mit dem Tod zurück ins Göttliche. Es könnte nur dann einfach aufhören zu existieren, wenn die Zeit absolut wäre. Doch die Zeit ist eine Illusion. Für uns, die wir uns in dieser Illusion befinden, ist es fast unbegreiflich, aber sobald ein Lebewesen oder ein Teilchen Gottes existiert, existiert es ewig in einem sich fortwährend entwickelnden Jetzt.

Bewusstsein von Haustieren

Haustierbewusstsein ist wie Tierbewusstsein – reiner Gott, lebendig und für alles ansprechbar. Doch verändert sich das Bewusstsein eines Haustiers durch die Persönlichkeit und die Liebe seines Besitzers.

Tiere nehmen die Energie der Menschen auf, mit denen sie leben, und reagieren auf sie. Werden die Erwartungen nur ein klein wenig geweckt, dann reicht das schon aus, um ihre spirituelle Entwicklung zu beeinflussen. Wenn der Besitzer menschliche Eigenschaften auf sein Tier überträgt, verankert er sie in ihm. Als reaktive Wesen spiegeln die Tiere die empfangenen Energien. Auf diese Weise entwickeln sie ihre vielschichtige »Persönlichkeit« und vorausschauende Eigenschaften, wenn auch nicht in dem Maß, wie Menschen sie besitzen. Dennoch sind sie fähig, sich auf neue Ebenen auszudehnen und ihrem Forschungsdrang zu folgen.

In jedem Haushalt mit Haustieren entsprechen die Tiere den an sie gerichteten Erwartungen (beispielsweise sich gut oder schlecht zu benehmen oder auch zu beschützen), während sie zugleich Eigenschaften wie Geduld, Mitgefühl, Freude, Wut, Offenheit oder die Schüchternheit der Menschen, in deren Gesellschaft sie sich befinden, widerspiegeln. Tierbesitzer können sich selbst immer in ihren pelzigen Freunden wiedererkennen.

Geliebte Haustiere entwickeln nicht nur ein ewiges Jetzt wie alle Tiere, sondern auch einen Charakter mit ausreichendem Willen, Intentionen und Verlangen, um die Entstehung unerledigter Angelegenheiten zu fördern und eine Rückkehr in nachfolgende Inkarnationen, ob nun beim gleichen oder einem anderen Besitzer, zu bewirken. Mit wem sie gleichzeitig zurückkehren, entscheiden alle Betroffenen gemeinsam.

Wer wen gerettet hat

Wie bei allen Zeit-Raum-Verbindungen müssen immer zuerst die Vorarbeiten geleistet werden. Eine Vermischung von Gedanken, Erwartungen und Wünschen (auch bekannt als Überzeugungen oder Vibration) im Unsichtbaren geht – auch bei Tieren – allen Umständen, die zu Begegnungen führen, in der physischen Welt voraus. Und wie bei allen Manifestationen gilt dieser Ablauf auch für das Kennenlernen und Adoptieren von pelzigen Freunden. Manchmal kann es natürlich auch vorkommen, dass der Besitzer vom Tier ausgewählt und adoptiert wird.

Gleiches zieht Gleiches an: Gedanken, Menschen, Tiere, Haustiere. In Anbetracht der Tatsache, dass es in deiner Welt der Illusionen immer zahlreiche Wahlmöglichkeiten und Wahrscheinlichkeiten gibt, um mit Manifestationen auf Bedürfnisse zu reagieren, ist es von tiefer Bedeutung und ereignet sich mit fehlerloser Präzision, dass du »gefunden« hast, wen du »gefunden« hast, und dass sie dich »gefunden« haben. Die Welt hätte nicht einen einzigen Tag auf ihrem Weg vorankommen können, bevor eure Begegnung nicht stattgefunden hätte, damit ihr einander liebt, am Vorbild des anderen lernt, euch gegenseitig unterweist, euren Spaß habt und einander heilt.

Bewusstsein von Pflanzen

Jetzt wirst du bestimmt wissen wollen, ob auch Pflanzen Bewusstsein haben. Nun, nicht wie die Lebenden oder die Toten, Tiere oder Haustiere. Doch sie sind wach, intelligent und sehnen sich danach, sich auszubreiten. Sie sind einfach. Sie sind freudvoll. Sie sind reiner Gott. Und sie reagieren auf ihre Umgebung – auf Sonnenlicht, Wasser, Vögel, Bienen und alle anderen Bewusstseinsformen, mit denen sie Raum und Zeit gemeinsam haben. Insbesondere reagieren sie auf deine Erwartungen und Gefühle – weit mehr als auf deine Stimme. Sprich mit deinen Pflanzen, gehe davon aus, dass sie positiv reagieren, und sie werden es tun. Aber nicht, weil du mit ihnen gesprochen hast, sondern wegen der Energie, den Intentionen und Erwartungen, die deine Worte transportiert haben.

Wie Tiere und Haustiere begreifen Pflanzen, dass ihre Existenz entscheidend zum Fortbestand des Lebens und der Erde beiträgt. Für sie ist Existieren mit Dienen gleichgesetzt. Doch ihr vorrangiges Ziel ist es nicht, nur zu überleben; das ist bloß ein erster Schritt. Wenn eine Art gedeiht, wenn sie gesund und stark ist, dann ist damit allen geholfen. Und alles Lebendige spürt das – bis auf einen Großteil der Menschen, was wiederum der frühen Stufe der menschlichen Entwicklung geschuldet ist.

Zwar wird die Symbiose, die in Zeit und Raum gelebt wird und der zufolge jedes Teilchen, jede Zelle und jede Spezies durch reine Existenz dem großen Ganzen dient, allgemein anerkannt, doch begreifen zugleich alle ihre eigene unersetzliche Individualität und achten sie. Sie begreifen, dass sie mit ihrem einzigartigen Ausdruck wie auch durch ihren Beitrag zum Ganzen die Definition alles Existenten erweitern – was wiederum genau der Grund für ihre Existenz ist.

Delphine und Wale

Neben Haustieren gibt es noch andere Arten auf unserem Planeten, die derart tiefgründige intellektuelle, emotionale und zur Selbstwahrnehmung befähigende Begabungen besitzen, dass die Vielzahl der ihnen möglichen Abenteuer und Entdeckungen nicht in ein Leben passt. Folglich reinkarnieren sich Delphine, Wale und vermutlich auch noch andere Gattungen auf die gleiche Weise wie Menschen.

Zwar ist die Reinkarnation ein faszinierendes Thema, aber im Grunde ist es unbedeutend, ob sich Elefanten, Kraken oder Raben reinkarnieren. Entscheidend ist allein dein Leben jetzt. Deine Herausforderungen, deine Entdeckungen und dein Gedeihen, die du alle auch ohne weitere Tierstudien bestens bewältigst. Das Leben jeder Kreatur ist Gott offensichtlich bekannt und wird von ihm verstanden, denn jedes ist von und für Gott, dient seinem Zweck und erfüllt seine Aufgabe. Und sobald es für uns von Bedeutung ist, werden wir ohne Zweifel eingeweiht.

Was nun Delphine und Wale betrifft, so gibt es bei ihnen wie bei uns Menschen ebenfalls junge und alte, erfahrenere und weisere Seelen. Einige haben herausgefunden, dass nur durch Liebe und Mitgefühl bleibende Freude und Erfüllung erreicht werden können, andere suchen noch ihren Weg, indem sie mit Wut und anderen kurzsichtigen Verhaltensweisen experimentieren. Sie kommunizieren im Wesentlichen telepathisch – wie es Tausende Arten auf Erden tun, ohne dass wir etwas davon wissen –, aber auch hörbar und über ihr Verhalten. Als Gründe für ihr Sein könnte man letztlich Ausdruck, Miteinander und Dienst nennen – die gleichen Gründe also, die auch unsere Existenz erklären. Dabei sind alle gleich wichtig, obgleich Delphine und Wale unter anderem auch Lektionen in Sachen Geduld und Toleranz zu lernen haben.

So wie du sind sie gleichfalls Geschöpfe der Liebe. Anders als Pflanzen, andere Tiere und Haustiere verfügen sie jedoch über einen kreativen Willen, Intentionen und nach vorn gerichtete Visionen, die allesamt ihre zukünftigen Möglichkeiten und Wahrscheinlichkeiten im Hinblick auf ihre spirituelle Evolution radikal vergrößern. Sie sind im wahrsten Sinne des Wortes unsere Brüder, vielleicht von anderen Müttern, aber ansonsten richtiggehende Teilchen Gottes, Miniatur-Ichs des Göttlichen.

Herrschaft über alles

Diese Überschrift ist ein Zitat aus der Bibel, das überall auf der Welt weitgehend falsch als »Macht über alle Dinge« oder auch als »Tue mit allem, wie dir beliebt« interpretiert wird. Wie bei vielen heiligen Büchern, deren ursprüngliche Aussage durch die Übersetzung verlorengegangen ist, wurde auch dieser Satz in einem solchen Ausmaß missbraucht, dass viele meinen, Geflügel, Rinder und Fische existierten nur, damit wir etwas zu essen haben.

Das kannst du natürlich glauben. Du hast einen freien Willen und kannst ihn entsprechend einsetzen, ohne dass man dich deshalb verurteilen darf. Aber nur, weil du etwas tun kannst, bedeutet das noch lange nicht, dass es auch tun sollst.

Mit großer Macht geht große Verantwortung einher. Da wir Menschen die einzigen Landbewohner auf diesem Planeten sind, die über die Gabe des vorausschauenden Denkens und über Daumen verfügen, sind wir auch die Spezies, die andere Arten am stärksten beeinflussen kann. Aus diesem Grund tragen wir eine größere Verantwortung für alle Dinge. Da wir uns milliardenfach vermehrt haben und unsere Anwesenheit inzwischen so dramatische Größenordnungen angenommen hat, bleibt uns keine andere Wahl, als bei unseren Entscheidungen andere Arten zu berücksichtigen. Somit sind wir, ohne es zu wollen, zu Beschützern aller Dinge geworden, wozu natürlich auch unser kostbarer Planet zählt. Langsam erkennen wir die Macht, die wir über unsere Umwelt haben, über die Versorgung mit Nahrungsmitteln und die Bodenschätze. Und nun, da das Pendel in unserer Reichweite umzuschlagen scheint, werden wir uns endlich auch unserer Verantwortung bewusst. Dieses Erwachen kam in der Aufregung des Jahres 2012 zum Ausdruck, und es ging dabei letztlich um unsere Entscheidung, unsere Rolle als Interessensvertreter entweder anzunehmen oder weiter dagegen Widerstand zu leisten, individuell und kollektiv.

Und übrigens: Die Herrschaft über »alles«, wozu fraglos auch Bäume, Felsgeröll und Hügel gehören, bedeutet eindeutig nicht, alles zu essen. Aber wieso meinen wir dann, genau dies gelte bei Tieren? Weil man sie essen kann? Essen kann man auch Käfer, Gras und Menschen. Weil unsere Vorfahren sie gegessen haben? Die meisten von ihnen waren sehr junge Seelen. Weil wir Tiere züchten und aufziehen? Das tun wir auch mit unseren Kindern. Und gibt es nicht außerdem viele offensichtliche Gründe für die Existenz von Tieren, die über ihre Funktion als Nahrungsmittel hinausreichen? Entstehen bei der Umwandlung von Tieren in Lebensmittel nicht Kosten in finanzieller und ökologischer Hinsicht, die nicht anfielen, wenn man nicht tierische Nahrungsmittel produzieren würde? Und gibt es nicht eine ausreichend große Bandbreite anderer Nährstoffe, die, wie die Wissenschaft ja bewiesen hat, ebenso wertvoll sind?

Wie du vielleicht vermutest, wussten die fraglichen Tiere von der Wahrscheinlichkeit, dass sie als Nahrungsmittel würden dienen müssen. Und so geschah es. Menschen kennen ja auch die Wahrscheinlichkeit möglicher Verletzungen, bevor sie ein Leben wählen, und sie kommen trotzdem, was natürlich keine Entschuldigung für irgendwelche Gewalt sein kann, die dann später folgen mag.

Falls es dich interessiert: Die passendste Lösung für das Dilemma eines Omnivoren ist, sich vor einer Mahlzeit die Frage zu stellen: Ist der Verzehr von Fleisch notwendig für mein *Überleben*, oder ist Fleisch einfach nur ein bequem zugängliches Nahrungsmittel? Wenn du kurz vor dem Hungertod stehst, dann würden selbst die Tiere, die du verzehrst, die Tatsache feiern, dass sie mit ihrem Leben das deine verlängern. Ansonsten aber könntest du doch einmal über Alternativen nachdenken und dafür Sorge tragen, dass beide Seiten gleichermaßen profitieren. Schließlich verlangen alle anderen Gattungen ebenso dringlich wie du nach der Erfahrung, die wir als Leben auf der Erde bezeichnen.

Bewusstsein von Außerirdischen

Ja, genau, von anderen Planeten. Es gibt sie. Manche von uns sind ihre Nachkommen; manche von ihnen sind unsere Nachkommen. Die Abstammungslinien sind verschwommen und unwichtig. Außerdem ist jede objektive Definition vom Ursprung abhängig von den Lügen von

Zeit und Raum, was eine Debatte darüber, wer zuerst da war, das Ei oder das Huhn, stets sinnlos macht.

Wisse einfach: Du bist nicht allein, du lebst in einem liebenden Universum, nichts geschieht zufällig, jeder gibt sein Bestes (der Definition zu diesem Zeitpunkt entsprechend), rücksichtsvolle Kooperation ist immer erforderlich, wenn zwei oder mehr Raum miteinander teilen, der somit immer gemeinsam erschaffen wurde. Und um schließlich deine Macht zu entdecken – individuell, kollektiv und intergalaktisch –, ist es entscheidend, dass du für alles, was du erlebst, die persönliche Verantwortung übernimmst.

Mutter Erde

Ein großer Fels? Eine Ausgeburt deiner Fantasie? Beides. Aber dann sind Fels und Fantasie ja auch viel mehr, als du je für möglich gehalten hättest.

Um auf den Punkt zu kommen: Die Erde ist ebenfalls Bewusstsein. Dass du an sie denkst, mit ihr sprichst, Erwartungen an sie richtest, lässt ihr Bewusstsein wachsen. Doch lebte und atmete sie, lange bevor du physisch in Erscheinung getreten bist – wenn auch im Wesentlichen deshalb, damit du physisch in Erscheinung treten konntest.

Denke an deinen eigenen Körper. Woraus besteht er? Aus wirbelnden Elektronen und Protonen; aus Atomen, Molekülen und aus einer Ansammlung chemischer Stoffe; aus Gewebe, Knochen und Organen; Extremitäten, Torso und Kopf. Dann frage dich, wo du in diesem Meisterwerk wohnst. Wohnt das denkende, bewusste Du im Kopf? Irgendwo im Gehirn – in der linken oder in der rechten Hälfte? Im Herz oder im Solarplexus?

Das denkende Du, wie du richtig bemerkt hast, ist kein Produkt deines Gehirns; es wird von deinem Gehirn geleitet. Es wohnt nicht physisch in deinem Körper. Das weißt du. Selbst während du die Welt *durch* deine Augen betrachtest, nicht *aus* deinen Augen, transzendiert dein Wesenskern die Illusionen. Dein physischer Körper ist das Prachttor deines Geistes, des Gottesfragments, das du bist, und durch deinen Körper erlebst du physisch die Welt, die du erschaffst. Doch wie jegliches Bewusstsein stellt es sich auch seinen eigenen Erkenntnissen, die es unabhängig von dir hat; es existiert, um zu dienen, dennoch hat es auch seine eigenen Erfahrungen und seine eigene Ausdehnung.

Das Gleiche gilt für unsere Mutter Erde. Sie ist mehr als eine Ansammlung von Flüssigkeiten, Gasen und Gestein; mehr als Wüsten, Ozeane und Gebirge; mehr als Kern, Kruste und Mantel, auch wenn sie in physischer Hinsicht alle diese Dinge umfasst. Sie ist da, damit du und alle ihre Lebensformen auf ihr existieren könnt. Doch im Hinblick auf das Sein ist sie ihre eigene Lebensform mit einem eigenen Bewusstsein, das größer ist als die Summe der Aufgaben, die sie erfüllt. Sie ist lebendig, doch ihr spirituelles Zentrum ist nicht an einem bestimmten Ort lokalisiert, weder in der nördlichen noch in der südlichen Hemisphäre. Wie bei dir, so ist auch bei der Erde ihr Körper das Prachttor, durch das ihr Geist sich mit Intention, Vorsatz und Wunsch äußert. Folglich ist sie existenziell nicht nur zu deinem Nutzen da, sondern als fließende, bewegliche, lebendige, intelligente Energie – unabhängig vom Bewusstsein all der Lebewesen, die sie unterstützt, und doch in jedem Augenblick aufs engste mit diesem Bewusstsein verwoben – in einem unendlichen Schaffensprozess verankert.

Mutter Erde weiß, dass du gerade etwas über deine Verantwortung dazulernst. Sie ist geduldig. Sie ist in der Lage, sich anzupassen und zu kompensieren, das hat sie zu allen Zeiten immer getan. Und jetzt, da du ja deinerseits schon damit begonnen hast, ist es an dir, mit Anpassung und Kompensation zu reagieren.

Ihr werdet einander wieder begegnen

Alles geschieht aus gutem Grund, und somit hat auch die Gegenwart der Wesen in deinem Leben, die dich lieben, egal welcher Spezies sie angehören, ihren guten Grund.

Deine pelzigen Freunde, frühere und gegenwärtige, sind deine Spielgefährten und Lehrer; und sie sind einer der vielen Hinweise darauf, dass Gott tief hineingreift in deine physische Ecke der Schöpfung, um deinen Geist und dein Herz zu öffnen. Sie sind Engel mit Pfoten, Schnäbeln, Kiemen oder Schnurrhaaren. Deine Haustiere existierten ursprünglich für dich; jetzt existieren sie wegen dir. Deine Liebe hat ihre Vibration angehoben, und auch jetzt, während du diese Worte liest, erhebt sich ihr Geist und lebt weiter. Ihr lustiges Verhalten und ihre unterhaltsamen Angewohnheiten, mit denen sie deine Zuneigung gewonnen haben, sind ihr Markenzeichen, sie rufen Lachen und Lächeln hervor, wo immer sie auch hingehen. Außerdem haben sie ein kleines Extrageschenk für all jene dabei, die dessen bedürfen: ein kleines Stückchen von dir. Dein Mitgefühl und deine Liebe sind nun ein Teil von ihnen und werden es immer sein. Sie könnten nicht stolzer und glücklicher sein oder dir mit größerer Begeisterung übers Gesicht lecken, mit dem Schwanz wedeln oder in deinem warmen Schoß ihr Herz schnurrend sprechen lassen. Dennoch sind sie weise genug, um von der Unvermeidlichkeit dieses Tages zu wissen, genauso wie du. Bis dahin spielen sie, heilen andere, dehnen sich aus und werden größer, während sie geduldig auf deine Heimkunft warten. Und genau das wollen sie dir mitteilen.

Von einem geliebten Verstorbenen

Liebes Frauchen,
du kommst nie darauf, wo ich gerade bin!
Im Wald!
Und du wirst nicht glauben, welche Farbe alles hier hat:
Grün!
Das Leben hier ist erstaunlich – hier kann man jagen, in Bächen baden, sich in Stinkzeug wälzen. Gelegentlich sind Camper da, die immer meinen, sie hätten mich gefunden und müssten mich retten. Na ja. Ich spiele mit, bringe ihnen bei, wie man Stöckchen wirft, vertraut und wieder liebt. Genau so, wie wir es auf der Erde tun.
Du würdest dich wundern, wie viele Leute uns hier immer noch brauchen. Im Ernst. Weißt du noch, wie ich dir beigebracht habe, das mit dem Selbstmitleid bleibenzulassen? Das kann man hier echt auch gebrauchen. Und weißt du noch, wie ich dir geholfen habe, deinen Lover zu vergessen? An dich zu glauben? Dich besser um dich selbst zu kümmern? Das waren meine besten Tricks, und hier sind sie ebenfalls von Nutzen.
Wie geht es dir? Schaffst du es, auch ohne mich jeden Morgen rechtzeitig aufzustehen? Lachst du immer noch ganz ohne Grund laut auf?
Ich hoffe, es macht dir nichts aus, dass ich hier so glücklich bin. Du bist doch hoffentlich nicht eifersüchtig? Manche Frauchen sind das. Oder sie vermissen ihre Haustiere so sehr, dass ihre Haustiere nicht weiterkommen. Aber das macht ihnen natürlich

nichts aus; sie lieben ihre Frauchen und Herrchen schließlich mehr als das Leben. Und wenn sie traurig sind, dann sind auch ihre Haustiere traurig. Doch warum sollte man traurig sein, wenn doch alles so großartig ist? Wenn jeder Abschied neue Streicheleinheiten garantiert? Wenn es doch so viele gibt, mit Fell und ohne Fell, die dich bei sich brauchen? So viele …

Übrigens, wie kann dir eigentlich jemand fehlen, der bei dir ist? Warum um etwas weinen, das nur verloren scheint, wo es doch noch so viel zu finden gibt?

Warum soll die Trauer um das vermeintlich Verlorene für das blind machen, was noch ist und immer sein muss?

Warum das Leben nur mit den Augen sehen, wenn doch dein Herz über einen doppelt geheimen, interdimensionalen Röntgenblick verfügt?

Natürlich nur, wenn du es nicht besser weißt.

Frauchen, dir verdanke ich meine Augen, mein Herz und meine Liebe zum Leben. Ohne dich hätte ich hier im Unsichtbaren nicht so weitermachen können, wie ich es getan habe. Du weißt es noch nicht, aber was wir miteinander geteilt haben, hat die Welt verändert – und nicht nur unsere, sondern die Welt aller. Jetzt bin ich dran, dir etwas zurückzugeben. Also höre dir bitte an, was ich zu sagen habe. Glaube nicht, ich sei verloren; dir verdanke ich es, dass ich gefunden wurde. Glaube nicht, mein Leben sei vorüber; tatsächlich hat es erst begonnen. Und sei nicht traurig über das, was wir nicht getan haben, darüber, wo wir nicht waren oder was wir nicht hatten. Dich zu kennen war für mich mehr, als ich jemals erhoffen konnte. Dass wir einen so großen Teil meines Lebens gemeinsam verbracht haben … du kannst dir meine Dankbarkeit dafür nicht einmal ansatzweise vorstellen. Bitte feiere jeden Tag, genieße jeden Augenblick, und liebe, liebe, liebe alles und jeden auf jede erdenkliche Weise, so wie du mich bedingungslos geliebt hast.

Ich bin hier für dich, Frauchen. Dass ich glücklich bin, bedeutet nicht, dass ich nicht auf dich warte. Du warst das Beste, was mir

im Leben passieren konnte. Ich werde nie weiter fortlaufen als bis zu dem Punkt, an dem mich deine Gedanken noch erreichen können. Und ich werde der Erste sein, der dich hier zu Hause willkommen heißt!
»Wer hat eigentlich den Hund rausgelassen?«

Brutus

PS: Und noch etwas: Erinnerst du dich noch an den glänzenden goldenen Armreifen, den du einmal auf der Couch versteckt hast? Er ist im Hof unter der Treppe – gar nicht so schlimm angesabbert und zerkaut. Außerdem hat er dich eh bloß veranlasst, dauernd an Jim zu denken. Und ich wollte doch, dass du für Josh da bist. Du wirst ihn kennenlernen, sobald du wieder mehr rausgehst.

Jeder Spatz

So gesehen, wird nichts und niemand jemals zurückgelassen, niemals. Es gibt keine bösen Hunde. Jede Katze erhält zusätzliche Leben. Und du kannst sicher sein, dass dich in der nächsten Welt noch mehr feuchte Küsschen, Geschnurre und Gezwitscher erwarten, so groß ist die Liebe, die hinter der Schöpfung steht.

Im Leben geht es eigentlich um nichts anderes als um die Liebe. Aber nicht um die Art Liebe, wie du sie für alle die Menschen empfindest, die dich lieben. Es geht um eine noch viel umfassendere Liebe. Und das steht als nächster und letzter Punkt auf unserer Top-Ten-Liste.

Kapitel 10

Liebe ist die Art – Wahrheit ist der Weg

Keiner weiß, wie alles angefangen hat. Aber jeder weiß, dass es angefangen hat.

Um die Wahrheit zu sagen: Keiner weiß viel über irgendetwas. Wir wissen nur:

1. Alles ist Gott,
2. Gedanken werden Dinge, und
3. Liebe ist alles.

Was die Liebe betrifft: Es ist nicht die Art Liebe gemeint, die du schenkst oder empfängst. Die ist zwar schön, aber sie ist an Bedingungen geknüpft. Sie ist eine Emotion, die Auslöser und Gründe braucht.

Gemeint ist eine Liebe, die stattdessen …

- immer und überall vorhanden ist,
- mit einer Nächstenliebe verknüpft ist, die keine Bestätigung und kein übereingekommenes Urteil benötigt,
- Geschenke bringt, die man sich nicht verdienen muss, und
- aus einer vereinigenden, heilenden, intelligenten Superfreude besteht.

Allerdings hat diese Liebe die Angewohnheit, bis zur Unkenntlichkeit zu verblassen oder von Torheit, Chaos und Naivität überlagert zu werden. Sie ist folglich eine Liebe, die man kennen muss, damit man sie spüren kann.

Verstorbene Menschen möchten, wie du dir vorstellen kannst, dass du spürst, was sie kaum in Worte zu fassen

vermögen, damit du rascher zu besagtem Kennen zurück-
findest.

Es war einmal

Erforsche diese Liebe, die ich soeben beschrieben habe,
wie einen veränderten Bewusstseinszustand. Stell sie dir
vor wie ein durchscheinendes, schillerndes Licht, das von
oben auf dich herabströmt, dich von allen Seiten umhüllt
und das in unablässigen Wellen eintrifft. Male dir aus,
dass die Liebe dich wie Sonnenlicht badet, wie Regen
durchnässt, wie die Luft umschmeichelt und alles erhellt.
Sie ist so einhüllend, dass du sie sogar in deine Lungen
einatmen kannst. So fängst du an, dir Gott vorzustellen.

Liebe durchdringt dich mit ihrer vollkommenen Ein-
fachheit, lädt dich energetisch auf, hebt deinen Geist,
trägt dich, fühlt sich gut an und lässt dich unablässig lächeln, während du in ihrer überwältigenden Ekstase badest. Woher sie kommt und wie sie anfing, ist dir ganz und
gar unergründlich, doch beides scheint ohnehin ohne jede
Bedeutung zu sein. Diese Liebe *ist*, so wie du *bist*, unbezwei-
felbar, erstaunlich bewusst, von überragender Zuversicht,
reine Energie und ausgerichtet auf freudige Erweiterung.
Die Liebe, von der ich spreche, *ist Gott*.

Stell dir vor, dass die physische Welt, die du um dich her
wahrnimmst, plötzlich ebenso durchscheinend ist wie das
Licht der Liebe, das sie erhellt. Male dir zudem aus, dass
alle Dinge von dieser Liebe sind. Entgegen deiner Wahrnehmung werden die Dinge von Zeit, Raum und Materie
nicht von der Liebe angeleuchtet, sondern es blitzt die Lie-

be aus ihnen hervor – wie die Schaumkronen auf den Kämmen der Meereswogen, die der Wind vor sich hertreibt, Bestandteil des Ozeans sind, über den sie hinwegrollen. Du siehst, dass diese Liebe in ihrem Fluss Form annehmen kann, auf intelligente Weise Muster ausbilden, sich mit Ziel und Intention selbst organisieren kann und sich selbst durch jede Anpassung auf eine neue Art erlebt, die ihr zuvor nicht offenstand.

Dann trifft dich eine neue Erkenntnis wie ein Blitzschlag: Wenn alles um dich her Gott ist, selbsterschaffene Intelligenz innerhalb der Intelligenz, tanzende Erscheinungen, die einander sehen können, dann muss das zweifelsfrei bedeuten, dass auch du genau das Gleiche bist wie das, was du siehst. Du bist Bestandteil dieses Tanzes, selbst ein Tänzer. Du siehst, dass du wahrhaftig von Gott, durch Gott, reiner Gott bist, einem fallenden Regentropfen unter unzähligen anderen gleich. Reiner Gott, der sich in Zeit und Raum selbst betrachtet. Du bist ein Teil des großen Plans, jedoch auch selbst ein Planer, da du neue Richtungen wählst, in die du dein Bewusstsein lenkst. Du entdeckst das Offensichtliche, doch zugleich das Unerwartete: Du musstest vergessen, dass du all das in Gang gesetzt hast, um die Leidenschaften zu spüren, die dein Leben heraufbeschworen und damit deiner Reise Sinn verliehen hat. Alles ist genau so, wie es sein soll. Es gibt keine Hintergedanken. Nichts sonst muss geschehen. *Du bist Gott.*

Was dir die Lebenden sagen

»Also bitte, jetzt sieh dich doch mal um!«, sagen die Leute. »Nun sei doch realistisch – die Zeit wird knapp, und Gott verliert die Geduld mit dir. Du bist von Gottes Gnaden hier auf der Erde, und du wirst gerichtet auf der Basis aller deiner Entscheidungen; und dann befindet Gott, ob du in den Himmel oder in die Hölle kommst.« Schließlich fügen sie oft noch hinzu: »Gnade dir Gott.« *Peng!* Und im Nachsatz kommt noch: »Du lebst nur einmal, ob in einem Land, das von Wohlstand oder Elend, von Frieden oder Krieg geprägt wird, als Mann oder als Frau, nur kurz oder fast hundert Jahre, in einer Demokratie oder in einer Diktatur. So ist das eben. Gerechtigkeit gibt es erst in der nächsten Welt. Das Leben ist eine Prüfung, und um sie zu bestehen, müssen wir alle auf Gottes Liebe vertrauen.« Gottes Liebe? »Glaube, und du wirst empfangen … Säe, und du wirst ernten …« *Rums!* Fang am besten gleich damit an! »Stelle die Bedürfnisse anderer den deinen voran! Müßiggang ist des Teufels Ruhebank!« Ach je! Und falls du Risse oder Widersprüche in der Logik dieser Weltsicht findest, dann kommt das eben, weil »Gottes Wege unergründlich sind«.

Was die Toten sehen

Dennoch werden die Lebenden, deine unmittelbaren Brüder und Schwestern auf dieser Reise, trotz allem, was sie nicht sehen, jeden Tag von der Liebe in Bewegung gesetzt. Es gibt dir vollkommen fremde Menschen, die ihr unkompliziertes Leben aufs Spiel setzen würden, wenn sie dich am Abgrund stehen sähen und glaubten, sie könnten dich retten. Die Lebenden haben gute Absichten; sie machen sich Sorgen um dein Wohlergehen, auch wenn sie von Gott erwarten, dass er Menschen bestraft, die sich nicht an die Regeln halten. Merkwürdig.

Die Lebenden nehmen so ziemlich alles und jeden wichtig, und zwar immer. Nur sind sie leider auch so sehr damit beschäftigt, zu glauben, was man ihnen eingeimpft hat, dass sie es dann manifestieren. Wer in diesem umfassenden Maße in Anspruch genommen wird, kann nicht auch noch auf das achten, was es auf unserem wunderbaren kleinen Planeten in seiner gesamten Geschichte noch nicht gegeben hat. Niemals gab es …

- eine Trockenheit, die kein Ende fand,
- einen Sturm, der nicht klarem Wetter wich,
- ein Gewitter, das nicht abzog,
- ein Erdbeben, das nicht zur Ruhe kam,
- eine Überschwemmung, die nicht zurückging, oder
- eine Plage, die nicht irgendwann ganz und gar von Gesundheit verdrängt wurde.

In der Regel halten die Verstorbenen nicht allzu viel von Quoten, Statistiken oder Spielen, aber man muss kein Genie sein, um zu erkennen, dass »da unten« etwas vor sich geht, dass uns übel mitgespielt wird, dass du Freunde höheren Ortes hast und dass *nichts* von der »Härte und Gemeinheit« je zutraf.

Die Toten sehen aus ihrem günstigen Blickwinkel überall nur Liebe. Im Individuellen und Kollektiven, im Beseelten und Unbeseelten. Was für die Lebenden nicht so sehr gilt, wenngleich sie von Liebe umhüllt sind. Sie sind im Allgemeinen zu abgelenkt durch die Illusionen, die zunächst lauter zu ihnen sprechen als die Liebe. Schließlich kann man eine Umarmung nicht essen, und Freundlichkeit schützt einen nicht vor Sturm. Doch die Toten stellen langsam Zusammenhänge her. Mit Liebe – nicht sofort, sondern durch stete Dosen – kann man Illusionen zähmen, handhaben, nutzbar machen und so schließlich den Weg bereiten, dass beide Phänomene nebeneinander existieren können und eine einzigartige neue Plattform für den menschlichen Selbstausdruck und die Freude des Seins schaffen. Ziel ist es nicht, Zeit und Raum zu manipulieren, zu unterwerfen oder zu transzendieren, sondern zu verstehen, dass die Illusionen darin eine Verlängerung der eigenen zielgerichteten Energie sind, vergleichbar mit einem Arm oder Bein. Je rascher du dies erkennst, desto schneller kannst du deine Illusionen verstehen, sie verändern und deine Zeit in ihnen genießen.

Das Spiel der Liebe

Liebe ist die Art. Liebe war als Erstes da, das kann man immer noch sehen. Die Illusionen stammen ab von der Liebe. Wenn du Illusionen mit der Wirklichkeit verwechselst, verkennst du deine Macht über sie – du siehst nicht, dass du von Liebe bist und nicht von Illusionen. Nur die Wahrheit kann dich befreien. Deshalb verläuft der Weg durch die Illusionen zur Liebe, von der materiellen Welt zu einer ätherischen Welt hier auf der Erde durch … *die Wahrheit*. Hört sich das bekannt an? Nicht durch eine Person oder einen Erlöser? Welche Erlöser auch? Alle sind von Gott; alle sind Erlöser! Nein, der Weg verläuft durch die Wahrheit über Zeit, Raum, Materie und ihre Ursprünge. Er wird dich wirklich befreien.

Die Metapher von Adam und Eva im Paradies wurde viel zu lange falsch gedeutet. Die ganze Geschichte im Garten Eden handelt von spirituellen Wesen, die in der Traumlandschaft der Erde auf dem Gipfelpunkt ihres Missverständnisses von Wirklichkeit und Illusion in den illusionären Apfel (weil *alles* illusionär ist) bissen, als ob er wirklich wäre, und ihn dadurch für sich zur Wirklichkeit erhoben. Der Apfel wurde somit zu etwas, worüber man sich streiten kann – wie die heutigen Illusionen ebenfalls eher ein Streitthema sind als nur Illusionen im eigentlichen Sinne auf dieser Welt.

Gar nicht so schlimm, und in »Ungnade« ist damit auch keiner gefallen; diese Interpretation erlaubte sich nur die Religion. Eigentlich ist das Ganze sogar fantastisch, denn so konnte das Spiel beginnen. Nun nahm in den Illusionen eine richtige Loveparade ihren Anfang, und alle kamen durch die Wahrheit zur Liebe und eroberten sich ihre Meisterschaft über alle Dinge zurück – auf Erden wie im Himmel; oder sie »herrschen über alles« wie gehabt. Sie sahen sich als die Schöpfer, die sie auch wirklich sind, und lebten daher mit glücklichem Herzen bewusst, entschlossen, gespannt und freudig auf dieser Oase zwischen den Sternen und waren verliebt in jedermann, überall und immer.

Vielleicht bist du jetzt ja in der Lage, trotz meiner oft

unzureichenden Wortwahl meinen Standpunkt zu erkennen: *Liebe ist die Art*, die einzige Art; sie macht alles möglich. Und jenen Lebensabenteurern, die mitten in diesem Spiel der Liebe stecken und sich bemühen, bewusst ihrer Göttlichkeit aus den Illusionen heraus Ausdruck zu verleihen, denen sei versichert: *Die Wahrheit ist der Weg.*

Es hat schon begonnen

Du warst dabei damals …
    Nichts ergab einen Sinn, *nur die Schönheit des Lebens.*
    Nichts ergab einen Sinn, *nur wie sehr du jemand liebtest.*
    Nichts ergab einen Sinn, *nur wusstest du, dass es schlichtweg Sinn ergeben musste!*
    Und durch diese Risse drang das Licht. Indem der schlafende Riese das Offensichtliche sah, die Widersprüche hinterfragte und bemerkte, wie andere unter ganz anderen Regeln mit ganz anderen Ergebnissen lebten, begann er zu erwachen. Genau rechtzeitig.
    Immer wenn Schmerz, Trauer, Krankheit oder Mangel an die Tür klopften, wurde die Wahrheit herbeigerufen. Jedoch eine Wahrheit, die zunächst immer unweigerlich alles anfocht, woran du glaubst, insbesondere was die Ursache des Schmerzes betrifft. Wäre die Wahrheit von Anfang an zugegen gewesen, hätte es kein Leid gegeben. Und bis du endlich bereit warst, die Wahrheit zu akzeptieren, wiederholten sich schmerzvolle Zyklen und unangenehme Erfahrungen. Schließlich hast du aufgegeben, weil du einfach zu müde warst, um weiterzumachen. Lieber wolltest du loslassen, als weitere Niederlagen einzustecken. Doch

genau in dem Augenblick, als du deinen Widerstand aufgabst, öffnete sich dein Herz. Liebe strömte hinein, die
Tränen des Schmerzes verwandelten sich in Freudentränen, und du fühltest dich emporgehoben in eine höhere
Liebesumlaufbahn.

Weitersehen

Du wünschst dir noch mehr Liebe, jetzt, heute? Blicke
ohne Furcht weiteren Wahrheiten ins Gesicht, ungeachtet
allen äußeren Scheins und gleichgültig, wie sehr sie bedrohen, was dich bisher getröstet hat. Nimm dich zusammen.
Unvorstellbare Liebe erwartet all jene Menschen, die bislang in Lügen noch einen sicheren Hafen finden:

Sichere Häfen der Lüge
1. Menschen sind gemein.
2. Gott entscheidet, wer wann was bekommt.
3. Das Leben ist eine Prüfung, und gerecht ist es auch
   nicht.
4. Materialismus macht korrupt.
5. Ich will um meiner selbst willen geliebt werden.

Versuchter Selbstbetrug
1. Ich bin gemein; die anderen dienen mir nur als Entschuldigung.
2. Ich bin es nicht wert.
3. Ich habe keine Kontrolle und keine Verantwortung.

4. Ich lebe nicht gern, bin nicht gerne Mensch.
5. Ich wehre mich gegen das Leben und fürchte mich vor Herausforderungen.

Befreiende, aber dennoch beängstigende Wahrheiten

1. Ich kann und muss den ersten Schritt zur Veränderung tun.
2. Ich bin schon gut genug.
3. Ich übernehme die volle Verantwortung.
4. Geld ist reiner Geist.
5. Neuer Versuch, neues Glück!

Hol dir die Liebe. Wage es, die umfassendere Wahrheit zu sehen. Für die Punkte der ersten Auflistung wird es immer Rechtfertigungen geben, aber sie sind kurzsichtig und engstirnig. Ob nun willentlich herbeigeführt oder durch den natürlichen Ausgleich der Natur bewirkt, schrittweise und unterschwellige Veränderungen in deinem Leben werden dich schließlich zur Tür der Liebe führen. Nimm den Köder. Warte nicht. Suche in allen Belangen nach der einfachen Wahrheit. Entscheide dich dafür, dein Denken zu erweitern, sonst werden neue Umstände, die du in deiner Verwirrung herbeiführst, es für dich tun (GWD).

Die Aufwärtsspirale

Mit jedem Erfolg wächst dein Mut. Jede Überraschung macht dich klüger. Du lachst mehr, arbeitest weniger, spielst länger, fühlst dich besser. Und dann geschieht etwas Eigenartiges: Je bedeutsamer deine Manifestationen werden, umso unwichtiger wird dir der Erfolg. Du hast kein Bedürfnis mehr, dich zu rechtfertigen. Du fängst an, dich von innen nach außen zu verändern. Doch die Erfolge reißen nicht ab. Selbst wenn du dir gar nicht so viel wünschst, wirst du mit Fülle bedacht. So großzügig ist das Leben. Deine Prioritäten geraten in Bewegung. Alles erscheint dir so leicht. Du erreichst ein Plateau, das dir verdeutlicht: Nicht der Besitz materieller Dinge bringt dir am meisten Freude, sondern das Streben danach. Und dabei geht es nicht um die offensichtlichen Versprechen, die mit dem Streben einhergehen, sondern vielmehr um verborgene Geschenke jenseits jeglicher Versprechen: neue Herausforderungen, Ängste und Feinde. Das waren deine größten Geschenke! Geschenke, weil du sie kennengelernt, dich ihnen gestellt und dich mit ihnen angefreundet hast. Sie wurden zu den Meilensteinen einer jeden Reise, an sie erinnerst du dich immer am liebsten. Du bist nicht mehr der Mensch, der du einmal warst, und dennoch bist du es; und auch die Welt scheint sich verändert zu haben, was allerdings nicht der Fall ist. Plötzlich erscheint dir das Leben sinnvoll, und du willst ewig leben.

Eigennütziger Dienst

Während sich deine Weltsicht erweitert, werden dir Träume bewusst, die du zuvor nicht zu träumen vermochtest, und Liebe, die du vorher zu schenken nicht in der Lage warst. Mit einem Mal ist es dir am wichtigsten, von Nutzen zu sein und im Leben anderer ein Zeichen zu setzen. Deine Demut nimmt zu – nicht nur, weil sich dir diese Gelegenheit bietet, sondern auch, weil du sie jetzt wahrnehmen kannst. Fast täglich vergießt du Freudentränen. Du fühlst dich physisch leichter, fast so, als könntest du schweben. Auf spiritueller Ebene empfindest du Liebe auf eine vollkommen neue Art: nicht als eine Wahl, die du hast oder triffst, sondern als Kanal für etwas viel Größeres. Du wertest nicht, denn du siehst dich in allem. Du sprichst niemanden schuldig, denn Schuldzuweisungen sind ein Ausweichen vor der eigenen Verantwortung. Tiere fühlen sich zu dir hingezogen. Bäume sprechen mit dir. Regenbogen folgen dir an Land. Delphine folgen dir zu See. Das Unsichtbare wird sichtbar, und es gibt nicht einen Flecken im Raum, der nicht angefüllt ist mit Gott und überläuft vor lauter Liebe, Vollkommenheit, Zustimmung und, was am überraschendsten ist: dir. Und du hältst den Pinsel in der Hand.

Doch während die Wahrheit vor deinen Augen Tag für Tag weiter erblüht, wird dein Herz von einer nagenden Traurigkeit erfasst. Du erkennst zwar, dass diese ungezügelte Liebe allgegenwärtig ist, selbst jetzt, während du diese Worte liest. Und doch gibt es so viele Menschen, die diese Liebe nicht sehen und nicht spüren. Ihr Leben und ihre Erfahrungen scheinen das genaue Gegenteil von all dem Guten und der Liebe zu sein, die du nun erfährst. Dein Leben ist vollkommen, bis auf diese neue Traurigkeit, die

Wünsche in dir weckt. Alles, was du dir je für dich ersehnt hast und das du inzwischen auch weitgehend besitzt, das wünschst du nun anderen. Und auch alles, was sie sich für sich wünschen, willst du für sie. Dein größter – ganz eigennütziger – Wunsch aber ist, ihre Schmerzen zu lindern und ihnen ihre Last zu erleichtern.

Und noch immer regnen mehr Liebe, mehr Herrlichkeit, mehr günstige Gelegenheiten auf dich nieder.

Die Vollkommenheit – ein Schock

Wenn du an all die Menschen denkst, die keinen Anteil an der Freude haben, von der du doch weißt, dass sie auch ihnen zur Verfügung steht, und wenn du aktiv wirst, um dieses Ungleichgewicht zu korrigieren, dann entdeckst du etwas Unglaubliches: dass viele ihren Geist aus eigenem Antrieb verschlossen halten! Bietet man ihnen neue Ideen an, damit sie über sie nachdenken und aus ihnen eine Wahl treffen können, dann entscheiden sich die meisten für das Althergebrachte! Sie sind geblendet von ihren Illusionen und gefangen in ihren Ängsten, sind resistent, dogmatisch und unnachgiebig.

Und dann geht dir ein Licht auf. Du warst ebenfalls einmal in dieser Position, doch du hast deinen Weg zur Wahrheit gefunden. Rückblickend erkennst du nun, dass du dort sein musstest, um überhaupt zu deinem neuen Standpunkt gelangen zu können. Außerdem begreifst du, dass dein Weg und die durch ihn gewonnenen Erkenntnisse unverzichtbar waren; es ist der Weg, der durch Zeit und Raum hindurchführt. Und so wird dir plötzlich klar, dass diese

Menschen auf ihrer individuellen Pilgerreise zu der Liebe unterwegs sind, die du bereits gefunden hast. Du siehst die Vollkommenheit. Sie ist erstaunlich. Absolut schockierend. Und durch und durch perfekt. Jeder ist genau dort, wo er am liebsten sein möchte; jeder lebt genau jetzt seinen Traum, auch wenn manche das Gegenteil behaupten und sogar wenn es wehtut. Und genau das ist es, was schließlich alle nach Hause zu mehr Wahrheit, mehr Licht, mehr Liebe führen wird. Wie bei dir damals auch.

Natürlich wirst du Zeit damit verbringen, anderen zu Diensten zu sein; die Vorstellung, Menschen zu erreichen, die noch nicht erreicht wurden, die bereit oder fast bereit sind, eine kleine Welle des Guten bis in die Ewigkeit in Gang zu setzen, ist viel zu unwiderstehlich. Du wirst keine Gelegenheit verstreichen lassen, deine Arme weit auszustrecken, um andere hoch ins Licht zu heben. Doch die Tage des uneigennützigen Dienstes, der Selbstleugnung und der Selbstaufopferung sind vorbei. Das Chaos im Geist der anderen macht dich nicht mehr unglücklich und verdirbt dir nicht länger die Laune. Die Menschen, die noch Zeit brauchen, lösen keine Gefühle der Enttäuschung mehr in dir aus. Und niemals wieder wirst du dein eigenes Glück hintanstellen, wenn jene, die du liebst, sich dafür entscheiden, unglücklich zu sein. Stattdessen wirst du alles achten, was dein Herz anspricht, und dein Licht aus schierer Freude hell erstrahlen lassen, weil es dir und anderen guttut und weil deine Träume nicht ohne Grund deine Träume sind: Sie wollen dich stets zu immer noch größerer Liebe führen.

Die letzte Grenze

Es gab eine Zeit auf der Erde, in der man überzeugt davon war, dass Gewalt die einzige Möglichkeit darstellt, Kontrolle und ein bewusstes Leben aufrechtzuerhalten und rechtmäßigen Besitz zu sichern. Entsprechend viele Beweise zeigten sich denen, die an Gewalt glaubten. Und sehr lange dachten nur wenige oder gar niemand anders.

Es gab eine Zeit, da war man überzeugt, ein Reich nur dann erfolgreich beherrschen zu können, wenn man die richtigen Götter anbetet und die richtigen Propheten vergöttert; es lohnt ein Blick auf das alte Ägypten, Griechenland, Rom und einen Großteil der heutigen Staaten. Entsprechend viele Beweise zeigten sich denen, die an ein solches Herrschaftssystem glaubten. Und sehr lange dachten nur wenige oder gar niemand anders.

Es gab eine Zeit, da war man überzeugt, dass es der Sklaverei, Unaufrichtigkeit oder Einschüchterung bedarf, um in der Welt ökonomisch erfolgreich zu sein. Entsprechend viele Beweise zeigten sich denen, die an solche Methoden glaubten. Und sehr lange dachten nur wenige oder gar niemand anders.

Es gab eine Zeit, da war man überzeugt, dass Männer Frauen in allem überlegen sind, dass eine bestimmte Hautfarbe besser als eine andere ist und dass gewisse Nationalitäten, Kulturen oder Werte über anderen stehen. Entsprechend viele Beweise zeigten sich denen, die an solche Vorstellungen glaubten. Und sehr lange dachten nur wenige oder gar niemand anders.

Keine dieser Sichtweisen war jemals wahr, es sei denn für die Menschen, die an sie glaubten. Sie waren und sind flüchtige Paradigmen, die für kurze Zeit augenscheinlich waren und große Schmerzen verursachten, bis sie größeren

Wahrheiten weichen mussten. Du bist von Natur aus dazu veranlagt, unter unzähligen Möglichkeiten die Wahrheit zu erkennen, die du brauchst, um heute ein glückliches und erfülltes Leben zu führen. Und du hast die Fähigkeit, aus dem Vorhandenen herauszulesen, was du wissen musst – dass du von Gott bist, dass du Zeit und Raum gewählt hast, dass du wusstest, was du tatest, dass alles eines Tages einen Sinn ergeben wird, dass du wirklich abtanzen und dich herrlich amüsieren sollst. Deinen Trost findest du in folgenden Erkenntnissen:

1. Alles ist Gott,
2. Gedanken werden Dinge, und
3. Liebe ist alles.

Du wirst vergöttert.

Von einem geliebten Verstorbenen

Liebe Wedge,
nie habe ich so viel geweint wie hier. Oder gelacht.
Ich meinte zu wissen, was mich erwartet, wenn ich sterbe – du weißt schon, entweder Gott, Gericht und ein paar verstorbene Verwandte oder aber Licht aus, Game over, das absolute Nichts. Aber ich hatte ja keine Ahnung! Nichts hätte mich auf das vorbereiten können, was ich hier vorgefunden habe. Wie sich die ganze Welt dermaßen irren kann, ist mir ein Rätsel.
Wie kommt es bloß, dass unsere Existenz nicht Beweis genug für eine Intelligenz im Universum ist? Dafür, dass alles Sinn hat, das Leben gut ist und die Menschen einfach fantastisch sind? Als ob ein Risiko darin läge, zu glauben, was doch ganz und gar offensichtlich ist.
Wenn ich zeit meines Lebens doch nur die leiseste Ahnung von

der Wahrheit über das Leben und von dem gehabt hätte, was ich jetzt weiß, es wäre alles so anders gewesen! Stell dir doch einmal vor, wie es wäre, mitten in der Alles-oder-nichts-Romanze von Zeit und Raum zu leben und dabei zu lernen, dass man alles verändern kann, was einem nicht gefällt, dass man mehr hinzufügen kann von dem, was man mag, und dabei vor nichts Angst haben muss! Wo alles so kostbar, vergänglich und wunderbar ist! Wo es so viel Liebe gibt – Liebe überall und immer.

Warum habe ich das im Leben bloß nicht erkannt? Wenn ich gewusst hätte, was ich dir jetzt hoffentlich vermitteln kann, das großherzige Wesen der Wirklichkeit nämlich, dann wären mein Selbstvertrauen und mein Optimismus in die Höhe geschossen und ich wäre nicht aufzuhalten gewesen. Stattdessen musste ich mir ständig Gedanken machen und suchen, woran es mir fehlte, und mich fragen, was mit der Welt nicht stimmte.

Liebe Wedge, mit der Welt ist alles in Ordnung. Du bist großartig, das Leben ist schön, und alles ist genau so, wie es sein soll. Sobald dein Leben vorüber ist, wird auch dir all das mit einem einzigen Lidschlag klar. Nur: Dann ist es leider vorbei. Warte nicht, Wedge. Geh hinaus, lebe und sei das kostbare Wunder, das du bist! Tanze, singe, folge deinem Herzen und wisse, dass für dich gesorgt ist. Du wirst geliebt. Du bist dort, wo du schon immer sein wolltest, in der Gesellschaft von Menschen, die du dir immer am meisten gewünscht hast, du tust die Dinge, die dir schon immer am wichtigsten waren, und du hast unendlich viele Möglichkeiten, noch mehr zu tun.

Selbstverständlich hast du noch immer unerfüllte Träume, ungemeisterte Herausforderungen und Vorstellungen von Veränderungen! Deshalb bist du ja dort! Um aufzusteigen und dich in ihre Richtung zu bewegen, um dorthin zu gehen, wo du nie zuvor warst, und um zu denken, was dir nie zuvor in den Sinn gekommen ist. Mögen die Glücksfälle dieser Ziele und ihr vollkommenes Zusammentreffen mit deinem spirituellen Wachstum dir Beweis sein, dass diese gesamte Odyssee des Lebens auf göttlicher Inspiration beruht und dass du deshalb auf deinem Weg nach vorne jederzeit auf göttliche Intervention bauen darfst – auf deine eigene Intervention!

Wenn man hier ist, dann ist alles so klar: dass das Leben ein aufsteigender Prozess ist, dass alles, was du dazulernst, dich immer noch höher führt. Und egal was als Nächstes geschieht, allein weil (!!) es geschieht, wird es dich befähigen, mehr zu lieben – jemand anderen, dich selbst, das macht keinen Unterschied. Und mit der Zeit wird es dir ein immer größeres Bedürfnis, Liebe zu geben, anstatt Liebe zu empfangen – eine Neigung, die allen wirklich alten Seelen zusetzt. Und diese Transformation ist möglich, weil wir uns entschieden haben, alles zu riskieren, indem wir dorthin gegangen sind, wo wir nicht verlieren, versagen oder kleingemacht werden konnten, wenngleich wir das dort für möglich hielten.

Darin besteht unsere Prüfung, Wedge, es geht um eine Wahrnehmungsprüfung: worauf wir uns fokussieren, woran wir trotz des äußeren Scheins glauben, während wir uns daran erinnern, dass alles, was uns begegnet, ein Symbol für das uns Verständliche oder eben auch Nichtverständliche ist. Suche die Wahrheit in der Schönheit des Lebens. Und blicke, was schmerzt, um seiner Schönheit willen an.

Du könntest all dessen, was dein Herz begehrt, nicht würdiger sein, liebe Wedge, und die Wahrscheinlichkeit, dass du es erhältst, könnte nicht größer sein.

Voll überschwenglicher Freude – und bei einer Tasse Kakao – grüßt dich mit Bergen von Zuneigung

Dolmar

Nachwort

Es war nicht leicht, dieses Buch zu schreiben. Die Verstorbenen haben mitgemacht, doch werden das auch die Leser tun?

Wenn, was hier geschrieben steht, die Wahrheit ist – und daran glaube ich fest –, dann fragst du dich vielleicht, wieso sie so klar und deutlich nicht schon früher verkündet wurde. Nun, ein Großteil wurde tatsächlich bereits mitgeteilt, wie die unzähligen Titel in den Buchhandlungen zeigen. Doch vieles von dem, was ich anspreche, war für andere noch kein Thema. Warum?

Meiner Meinung nach gibt es dafür zwei Gründe:

1. Nur wenige begreifen, in welchem Maß wir alle die Augen und Ohren des Universums sind, im wahrsten Sinn des Wortes Teilchen Gottes, die lebendig wurden.
2. Einiges von dem, was ich mitteile, könnte für Menschen, die nicht bereit sind, dergleichen zu hören (oder es nicht hören wollen), überaus anstößig sein.

Der erste Grund macht mir nichts aus – es ist klar, dass er dem Selbstschutz dient. Doch der zweite bereitet mir Kopfzerbrechen.

Aber egal. Wenn ich es nicht täte, würde früher oder später jemand anderer verkünden, was Sache ist. Die Wahrheit ist die Wahrheit, und sie wird herauskommen. Außerdem sagt die Reaktion der Leute auf diese Mitteilung etwas über sie selbst aus, nicht über die Mitteilung als solche. Und zuletzt: Die Wahrheit bringt einfach zu viel Gutes mit sich, für die ganze Welt, für Menschen, die *bereit sind* – und ihre Zahl steigt täglich exponentiell an. In

Scharen wachen die Menschen endlich auf, diese *Zeit* hat die Entwicklung unserer Zivilisation erreicht, und sie wollen die Genehmigung dafür, sich nach innen zu wenden und herauszulesen, welchen Sinn ihr Leben hat. Ich biete hierzu eine Art Straßenkarte an. Aber ich warne davor, irgendetwas von dem, was ich geschrieben habe, einfach nur zu übernehmen. Du musst alles zuerst deinen Gefühlen, Schlussfolgerungen und Lebenserfahrungen gegenüber abwägen. Bitte, stelle vor allem stets die schweren Fragen, warte ab, was sich zeigt, und dann folge deinem Herzen und Geist, um die Schätze der Wahrheit zu entdecken, die dich erwarten.

Um alles, was ich geschrieben habe, noch einmal knapp und präzise zusammenzufassen: Du stehst jetzt vor einer entscheidenden Weggabelung, an die jeder Lebensabenteurer irgendwann einmal kommt. Du musst entscheiden, ob das Leben *fantastisch* ist, und zwar …

a) immer,
b) manchmal oder
c) nie.

Bevor du wählst, lass mich dir diese Frage stellen: Wie gut hat »manchmal« bisher für dich funktioniert?

Sobald du »a)« als Antwort im Kopf hast – was nicht immer leicht sein wird, aber dafür hattest du dich ja auch nicht entschieden –, wird dein Leben auch schon abheben, und deine Freuden werden sich vervielfachen. Außerdem wirst du ein Licht im Dunkeln sein und anderen helfen, Auftrieb zu bekommen.

Ein neuer »Sheriff« ist in der Stadt (ich bin es nicht!). Zwar mag niemand Veränderungen, aber falls – oder besser: wenn – du dich der Sache anschließt, dann erwartet dich eine vollkommen andere Weltordnung – eine Weltordnung, in der Respekt, Kooperation, Kreativität und Liebe auf eine Weise erblühen, die wir jetzt noch gar nicht zu verstehen vermögen.

Was immer du auch von dem Gelesenen hältst, von mir oder von dir, du wirst vergöttert. Das Mindeste, was die Verstorbenen und ich wollen, ist jedenfalls, dass du von deiner Unsterblichkeit weißt und von deinen angeborenen Fähigkeiten, absichtsvoll zu leben und bewusst zu schaffen.

Bis sich unsere Wege wieder kreuzen, vielleicht ja auf einer großen Party »im Himmel«, mögest du alles, was du dir nun wünschst, erhalten – und noch viel mehr. Und ich weiß, dass es so sein wird.

Ach ja, übrigens: Der neue Sheriff bist du!

Danksagung

Schreiben ist ein wenig so, als gebäre man ein Kind, auch wenn meine Frau vermutlich anderer Meinung sein wird. Ein einziger Augenblick reicht aus, und was es nie zuvor gab, ist plötzlich existent. Und diese Worte können von Bestand sein, wenn man nicht die Entfernen-Taste drückt. Wie bei seinen Kindern glaubt man auch bei seinen Büchern, dass jedes das wunderbarste und kostbarste auf der ganzen Welt ist – selbst wenn man mit dieser Ansicht alleine dasteht.

Deshalb ziehe ich gerne meinen Hut vor meinen Lektorinnen Patty Gift und Anne Barthel, die beide wissen, wann sie mich ermutigen und wann sie mir mutig sagen müssen, dass ich aufhören, die Entfernen-Taste drücken und eine andere Richtung einschlagen soll. Und weil sie mir manchmal in Worten, die ich nicht finden konnte, hinterher zeigen, was ich wirklich gemeint habe. Mit eurer Begeisterung und Gewieftheit, eurem Einfühlungsvermögen und Know-how seid ihr zwei Profis, die jeder Autor nur allzu gerne in seinem Boot hat. Ich bin froh, dass unsere Wege sich gekreuzt haben!

MIKE DOOLEY

Die Matrix der Wunscherfüllung

Du kannst dein Leben ändern – jetzt!

Gut, wenn man weiß, was man will.
Besser, wenn man erkennt, was man dafür tun kann.
Perfekt, wenn man seine Ziele erreicht.

Bestsellerautor Mike Dooley stellt sein Konzept der
»Wunsch-Matrix« vor: Diese bahnbrechende Methode
leitet dazu an, mit kleinen, effektiven Schritten große Veränderungen zu bewirken.
Mit motivierenden Übungen und kreativen Denk-
anstößen.